湖北省学术著作 出版专项资金 | 数字传播理论与实践丛书

Theory and Technology of Cloud Computing for
Digital Communication

面向数字传播的
云计算理论与技术

胡　伦　袁景凌·编著

WUHAN UNIVERSITY PRESS
武汉大学出版社

图书在版编目（CIP）数据

面向数字传播的云计算理论与技术/胡伦，袁景凌编著.—武汉：武汉大学出版社,2022.9
数字传播理论与实践丛书
湖北省学术著作出版专项资金资助项目
ISBN 978-7-307-22844-3

Ⅰ.面…　Ⅱ.①胡…　②袁…　Ⅲ.云计算—应用—传播媒介—研究　Ⅳ.①G206.2-39　②TP393.027

中国版本图书馆 CIP 数据核字（2022）第 013601 号

责任编辑:孙　丽　杨赛君　　责任校对:刘小娟　　装帧设计:吴　极

出版发行：武汉大学出版社　（430072　武昌　珞珈山）
（电子邮箱:whu_publish@163.com　网址:www.stmpress.cn）
印刷:武汉市金港彩印有限公司
开本:720×1000　1/16　印张:10.75　字数:203 千字　插页:2
版次:2022 年 9 月第 1 版　　2022 年 9 月第 1 次印刷
ISBN 978-7-307-22844-3　　定价:90.00 元

前　　言

随着数字技术的快速发展,基于互联网的新媒体的出现引发了传播理论与实践的一场大革命。最近几年,随着移动互联网、社交网络的发展,作为计算机科学技术的理论与应用的热点,数字传播急需云计算的新理论与技术以满足和实现大数据时代的应用需求。云计算本质上是分布式计算的发展和延伸,然而现有的研究一般很少把云计算和数字传播结合起来,更不用说以数字传播的应用需求为背景来剖析云计算的理论和技术。本书正是为了适应这一新的发展趋势和需求而编写,希望对数字传播、云计算新理论与技术等的研究与应用有所帮助。

全书共6章。第1章介绍云计算和数字传播的概念,阐述了云计算在数字传播中的典型应用,并对数字传播的发展前景进行了分析;第2章介绍云计算的发展演化、特征、服务模式、部署方式,以及其在数字传播产业中所面临的机遇和挑战等;第3章介绍云计算架构,主要阐述了云计算的总体架构、关键技术、主流商业云平台以及开源分布式云计算开发框架等;第4章介绍虚拟化技术,阐述了云计算和虚拟化之间的关系,并对虚拟化技术从计算、内存以及网络等多个视角进行了解读;第5章介绍云计算数据中心与资源管理,对云计算资源管理目标和关键技术进行了解读,并分析了云计算资源调度的相关策略;第6章介绍具有代表性的云计算开发实例,通过对武汉理工大学数字传播工程研究中心研发的RAYS系统等案例进行剖析,从应用需求、系统结构、开发实现等方面入手,阐述云计算在数字传播等应用领域的重要作用。

本书在武汉理工大学教材出版基金的资助下,得以顺利完成,在此表示感谢。另外,在编写过程中得到了武汉理工大学数字传播工程研究中心刘永坚教授和白立华老师的大力帮助,在此一并表示感谢。对书中所引论文和参考书籍的作者也表示感谢。

本书适合作为高等院校人工智能、数据科学与大数据、计算机科学与技术、软件工程等计算机类专业的本科生及研究生"数字传播""云计算"等课程的教材,也适合作为云计算爱好者的参考读物。

由于作者认知具有局限性,书中难免有不妥和错漏之处,恳请读者提出宝贵意见。

编　者

2021 年 10 月

目　　录

1 云计算与数字传播

1.1 云计算概述

近年来,随着信息技术的快速发展和广泛应用,各行各业需要处理的数据呈爆炸式增长,并具有数据量大(volume)、生产速度快(velocity)、多样性(variety)、真实性(veracity)的"4V"特点。具有这些特点的数据集都可称为大数据。大数据时代的到来向海量数据信息处理提出了新的挑战,云计算应运而生。具体而言,云计算是指通过虚拟化等技术构建数据中心,然后采用按使用量付费的模式,为用户提供各种形式的服务。基于云计算概念衍生出来的还有云服务、云平台等相关概念。其中,云服务是利用云计算技术,根据用户的需求提供多元化的服务,并且服务是可扩展、可伸缩的;云平台则是将虚拟化的计算资源、存储资源、网络资源统一起来管理,并面向用户提供云服务。作为一种根据使用量付费的应用,云计算提供了可用的、便捷的、按需的网络访问,允许用户进入可配置的共享资源池,例如计算、网络、存储等资源,而用户只需要关心云平台所能提供的服务。因此,云计算既指一种可以根据需要动态地提供配置以及取消配置的计算和存储平台,又指一种可以通过互联网提供服务的应用类型。并且当用户的系统规模变化时,云计算系统能够根据用户的需求调整。

云计算的演化发展过程主要分为三个阶段,即资源汇集阶段、资源应用阶段和资源共享协作阶段。资源汇集阶段将分散的数据资源逐步集中化和标准化,并形成规模化的数据中心。这些数据中心拥有一定的基础设施,为后续数据的有效利用打下基础。资源应用阶段则基于物理资源虚拟化的应用,实现降低运行成本、缩短业务执行周期、提高资源利用的灵活性目标,其本质是利用虚拟化技术屏蔽底层物理资源的异构性,进而实现资源利用率的提升和部署的灵活、快速。在资源共享协作阶段,数据中心各种系统的初始投入较大,软硬件技术将面临不断升级的压力,造成困境,即基于虚拟化的 IT 架构难以解决不断增加的业务量对资源变化的需求问题。此时,云计算架构展现出优势,其能够满足业务弹性拓展、按需服务等需求,最终形成一系列云架构的IT服务。

实际上,云计算是以虚拟化技术为基础,以网络为载体,以用户为主体,并提供基础架构、平台、软件等多种服务形式,整合大规模可扩展的计算、存储、数据、应用等分布式计算资源进行协同工作的超级计算服务模式。目前,已有的云计算平台主要包括公用云、私有云、社区云和混合云,或者按照服务模式分为软件即服务(software as a service,SaaS)、平台即服务(platform as a service,PaaS)、基础设施即服务(infrastructure as a service,IaaS)等。

云计算系统的关键技术包括虚拟化技术、分布式编程模型、数据存储和管理技术以及云计算资源调度等。作为云计算实现的最关键技术之一,虚拟化技术将底层硬件资源池化,支持多虚拟机的运行和使用,形成了灵活可扩展的平台服务,提高了资源利用率。分布式编程模型则是为处理大规模数据和实现分布式计算而设计的,目前使用的主流技术是 Hadoop 项目中的 MapReduce 分布式编程模型、为提升效率开发的 Spark 架构、提供分布式算法库的 Mahout 工具集等。数据存储和管理技术则包括海量数据分布存储技术和数据管理技术。云计算资源调度是面向规模庞大的数据中心资源,有效管理和利用计算资源、存储资源和网络资源,通过智能化管理实现业务部署、工作协同和系统故障恢复。

总的来说,云计算是传统数据分析技术(数据挖掘、统计分析、机器学习、智能算法)的升级,也是虚拟化技术、分布式计算、海量数据存储与管理技术和云计算资源调度技术的融合发展。目前,针对云计算的研究和应用也越来越全面。云计算的出现和发展进一步推动了包括数字传播在内的互联网产业的发展。

1.2 数字传播概述

用了不到三十年的时间,人类社会就迈入了数字信息高速发展的时代,数字信息已经成了我们生活中不可分割的一部分。在这种信息化浪潮中,信息的传播方式也发生了翻天覆地的变化,从传统的基于"大教堂模式"的大众传播全面转向了基于"大集市模式"的数字传播。作为数字传播新范式的最本质特征,数字化从技术角度来说是指使用字节编码来表达和传输一切信息的综合性技术,在传播学背景下,数字化则被赋予了更加具有行业特色的意义。实际上,数字传播重新定义了内容的创造和传播方式,即一切以数字信息技术为基础,以互动传播为特点,具有创新形态的媒体都属于数字传播的范畴。数字传播的发展经历了数字化、网络化、移动化和智能化四个阶段。从近百年前的数字化进程,到半个世纪前开始的网络化进程,再到近 20 年的移动化进程,以及最近的智能化进程,直到今天进入 5G 时代,才基本上奠定了数字传播的基本理论范式。

从大众传播到纸媒传播,再到数字传播,这实质上是社会信息传播机制发生了结构性的变化。进入 21 世纪的 Web 2.0 时代,传统纸媒传播真正的危机开始出现,即社交媒体和自媒体崛起,采用开放分布式、多对多的"大集市模式"的数字传播逐渐成为主流。到 2010 年,移动互联网爆发式的发展以及全球互联网的大范围覆盖,使得数字传播占据社会信息传播的主导地位,传统纸媒的危机时刻全面到来。而 21 世纪 20 年代伊始,伴随着 5G 技术的快速发展,基于数据驱动的数字传播也步入巅峰,大量传统媒体的倒闭正式宣告了传播学范式革命的到来。由此可见,数字传播具有绝对优势的根本原因在于信息技术的演进和发展,尤其是在万物互联的时代,5G 技术使得数字传播在内容丰富性、用户体验感以及信息即时性等方面都全面超越传统纸媒传播,也为未来引领数字传播发展打下了坚实的通信基础。

在数字传播新范式飞速发展的同时,各种新媒体也应运而生,如网络媒体、数字媒体、第四媒体等,这些新媒体具有全球性、互动性、个性化、即时性、开放性、海量性等鲜明特征。这些新媒体的基础仍然是数字化。作为计算机革命的起点,数字化是整个信息时代的根本特征。正因为如此,社会信息传播从数字媒介开始,运用数字技术实现对声音、文字、图像和数据的编码、解码以及各类信息的采集、处理、存储和传输,在提高信息处理能力的同时也使得传播步入了一个崭新的时代。由此可见,数字传播是技术深度嵌入社会的应用典范,在技术发展驱动社会变革的过程中,形成了以数字化为基础,智能传播、自媒体传播、网络传播、传统纸媒传播等多种传播机制相互融合的社会信息传播新模式和新格局。

数字传播的基本架构由三大核心层组成,即技术层、传播层和社会层。作为连接数字信息世界和物理现实世界的媒介,数字传播通过对社会形态、社会结构与社会运行方式的影响,赋予了数字时代真正的数字化意义和内涵。在三大核心层中,技术层为数字传播提供了一个由技术驱动的基础设施,是信息传播的技术载体。软硬件基础设施、平台和数据等则是构成技术层的核心要素,其作用是通过技术系统对信息进行采集、处理、存储、传输。传播层作为中间层,主要负责数字传播的行为与活动。所谓的行为,包括数据传播过程中涉及的信号生成、数据保存、状态修改、信息传输和内容展示等;而活动是指用户通过数字技术手段对传播的数据进行操作的行为。社会层用于体现数字传播的影响和效果,涵盖现实世界的各个层面与领域。由此可见,数字传播的三层架构实际上涵盖了数字传播的基本知识体系,而该架构的建立也标志着传播学进入了一个全新阶段,即数字传播。

　　作为数字传播基本架构的基础,技术层的作用与功能在信息时代得到了极大的提升,其重要性也日益突出。受制于过去的技术,传统纸媒传播除了在内容方面不够准确和细致之外,在涉及领域上依然不够广泛和深入。所以,为了更好地服务数字传播,技术层的知识体系在广度和深度上都需要与时俱进,要在把握技术内在规律和发展趋势的基础上融合创新,否则就会导致数字传播在未来丧失自身的优势,重蹈传统纸媒传播的覆辙。

1.3　云计算在数字传播中的典型应用

　　在数字传播与信息技术深度融合的背景下,云计算已经成为促进数字传播发展的重要技术力量。与此同时,引进云计算理论与技术,大力开展大数据建设,从海量数据中挖掘真正有价值的信息并加以利用,是传统纸媒行业冲破当前融合困境、推进知识服务体系建设的关键。云计算在数字传播中的典型应用包括以下五个方面。

　　1. 搭建数字传播的云计算基础框架

　　为了提供更加精准、高效的信息传播服务,数字传播基础信息设施建设的前提在于搭建云计算框架,明确数据资源在信息传播中的具体步骤,以及采用的技术与方法。在具体框架之下,有针对性地从海量数据中挖掘大数据的价值,全面运用于数字传播的各个环节,从而为用户提供个性化的精准服务。由于大数据平台需存储及处理海量数据,因而底层平台既要满足数据安全性的要求,又要满足资源可扩展性及共享性的要求。业界已开发了许多优秀的数字传播云计算系统架构,其中也包括在本书第 6 章中介绍的基于混合云模式的出版企业大数据系统架构。一般来说,典型的数字传播云计算架构中,第一层是借助云存储设备与技术、网络技术、虚拟化技术以及资源监控技术等搭建应用基础架构,构建海量的数据仓储;第二层为数据集成应用层,包括数据采集、数据处理以及数据展示等,从技术和用户需求的角度分别有针对性地设计系统功能,同时又将两个角度相互融合、相互补充,建设功能更加实用、高效,用户体验感更好的云计算系统架构平台;第三层为具体操作层,包括业务流程管理、内容管理与编排、数据分析,服务于数字传播的企业也可以基于信息采集技术、标签标识技术和行为监控技术,对用户的行为进行实时分析,在尊重用户隐私的前提下,汇集用户行为数据,为数字传播提供大数据服务;第四层则为数字化运营层,采用数据集成技术、数据分析技术、内容识别技术等,分析数字传播市场消费数据和用户行为数据,预判市场风向,深入挖掘细分市场和用户的真实需求,借助网站、移动平台、社交网络以及物联网等多方平台推动数字传播,为用户提供个性化、定制化和分众化的信息传播服务,让内容产生更多的价值。

2. 建立数字传播的数据服务体系

在明确了大数据架构之后,还需要进一步厘清数字传播每一层级业务中数据资源的运用,明确可使用的数据资源类型,以及使用这些数据资源的具体方法。对于数字传播而言,其运用的大数据主要包括用户数据、资源数据、收益数据等。分析用户数据,能统计和追踪用户的地域分布、行为习惯等,清晰地构建用户画像,对用户获取信息的目的进行更深入的分析,让传播给用户的内容更精准;分析资源数据,了解数字资源、知识商品和服务的使用情况和销售情况,清晰地辨别优质产品与一般产品,帮助制订科学的数字传播产品策略,让资源管理更合理;分析收益数据,掌握用户行为、资源销售情况、内容线上收益情况,能为相关企业制订项目计划和建立管理机制提供依据,有助于优化数字传播策略。在开展数字传播服务过程中,相关企业有必要充分理解与运用前述三类数据的价值,建立涵盖资源中心、用户中心和数据中心的云计算服务体系,以充分挖掘大数据的价值。

3. 建设数字传播内容精准投放机制

基于海量用户数据,建立服务于数字传播的用户数据库,准确定位用户对传播内容的兴趣和偏好,实现内容精准投放,是云计算建设的关键环节。内容精准投放需要接入主流渠道接口,借助大数据标签体系,通过富媒体图文消息、自定义模块消息、系统定义提醒消息以及消息推送日志等形式进行强关联,针对不同用户进行一对一多渠道的内容投放、特定分组投放和全部用户群发,达到定制化精准投放的效果,实现矩阵式全数字媒体运营。

4. 采集与运用数字传播行业数据

大数据和云计算给传统媒体行业的生产方式和传播方式带来了根本性变革,传统媒体企业只有建立完善的行业数据,了解整个行业的发展态势,改造传统媒体商业模式与运行机制,才能适应数字传播新范式的变革。在开展信息传播服务过程中,传统媒体企业可以借助大数据技术,通过资源整合,对行业交易数据、从业者数据等相关数据进行深度分析,为数字传播提供决策指导,以重要的行业数据为依据,发现隐藏在海量数据中的市场规律,调整数字传播产品策略,优化经营策略,充分挖掘内容价值,走出一条适合自己的变革之路,从而实现快速向数字传播转型。

5. 创新数字传播金融服务模式

在云计算环境下,知识与内容版权已经成为数字传播的核心资源。借助云计算探索"数字传播＋金融"的新模式、新业态,是相关企业利用云计算大数据技术开展知识服务的重要部分。数字传播金融服务模式创新的基本思路是首先通过大数据的分析手段,对基于纸质出版物的衍生数字内容从资本化运营的角度进行模式创新,通过这种新型的金融模式,凸显知识与内容版权作为新时代核心资产的价值,以形成新的数字传播运营和金融服务模式。同时,以资本为驱动力,推动衍生数字内容的生产与整合,探索新型的数字传播融合运营新模式,探索衍生数字内容的资本化、证券化等金融创新路径。

1.4　数字传播的发展前景

信息技术的发展日新月异,使得数字传播也在与时俱进,包括云计算在内的新技术对传统媒介产生了巨大影响,进一步促进社会信息传播方式的不断变化与改革。本小节将对数字传播在云计算技术推动下的发展前景进行详细分析。

1. 基于区块链技术的数字内容版权保护

数字传播的普及,一方面使得可传播信息内容的规模飞速增长,内容的丰富性也得到了极大的提高;另一方面通过为用户获得信息提供多种渠道,从根本上改变了传统纸媒单项传播的方式,为低成本获取信息、高效交换信息以及增强与用户间的黏结性提供了强有力的技术支撑。而各自媒体平台的内容生产者也可以获得多种形式的价值回报,比如广告分成、流量变现等。同时,广大自媒体在数字传播过程中所面临的一个关键问题是如何有效地解决自身版权保护的问题。自媒体在创作过程中不仅需要使用大量的素材进行内容编辑,还需要与其他创作者实现数字内容的价值共享。但是,受数据易变性和易篡改性的影响,数字化原创作品的真实性在传播过程中容易受到质疑,因此需要有效的技术手段来追踪作品来源,实现自媒体信源认证,从而提高数字内容资源的管理水平,为数字传播提供稳固的基础和持久的活力。区块链技术是一种在对等网络环境下,通过透明和可信规则,构建不可伪造、不可篡改、可追溯的块链式数据结构,实现基于事务处理的管理模式。目前,区块链技术的高速发展,使得其在数字传播领域得到了快速推广,包括数字版权保护、付费内容订阅、传播效果统计、用户隐私保护、数字资产管理等一系列应用，为数字传播中的数据管理、数据安全、数据激励提供了全新的视角和与以往全然不同的解决方案，并将以高效的技术手段赋能数字传播的价值提升。

2. 基于5G技术的数字化智能传播

自从2019年5G通信技术在我国成功实现商用以来，人们对5G的关注度不断提升。5G技术不仅具有高速度、大容量和低时延三大特点，还在可靠性和低能耗等方面具有得天独厚的优势。基于5G技术，移动通信在万物互联方面取得了新的突破，在引领数字传播未来发展的过程中占据了绝对主导地位。在5G技术发挥基础性作用的今天，云计算、大数据、人工智能等高端技术在移动端集中爆发，数字传播中信息内容的产生、传播、交互等都开始发生新的变化，即趋向智能化传播，智能化将成为数字传播的核心特征。随着移动通信技术和智能移动终端的不断升级，用户接触信息的方式也越来越便捷、多样。云计算技术和人工智能算法的不断迭代、优化，使信息生产和传播方式更为丰富。其实，移动互联网本身就是在利用人们的碎片化时间，无时无刻不向用户提供丰富的信息。但是，受时间和个人习惯等各种因素的影响，每位用户的内容关注点都有差异。针对这种差异性，智能化传播首先抓取媒体发布的新闻内容，进行整理、归类和排序，再根据用户偏好进行精准信息推送。由此可见，智能化传播的背后是一套复杂的个性化数据智能处理算法体系。即根据用户的点击和浏览习惯，初步判断用户对某类新闻的关注度，再根据用户的基本信息和长期的监测数据，实现更加精准的信息推送，最终当用户打开应用后看到的都是自己喜欢或感兴趣的信息内容。智能化传播的目的是所有传播内容都为用户服务，通过设计定制化的套餐，传播的内容变得越来越精确和智能。

3. "新基建"背景下数字出版行业的转型升级

国家发展改革委创新和高技术发展司司长伍浩于2020年4月在例行新闻发布会上指出："新型基础设施是以新发展理念为引领，以技术创新为驱动，以信息网络为基础，面向高质量发展需要，提供数字转型、智能升级、融合创新等服务的基础设施体系。"作为见证了数字传播蓬勃发展的数字出版行业，面向云计算的"新基建"将为其转型升级提供新动能。

随着"新基建"进入快速发展阶段，出版业在推进文化治理能力现代化、促进文化势能向文化动能转换、有效维护国家的文化安全以及满足人民群众的精神文化需求方面的趋向性也愈发强烈。结合云计算技术基础设施，进而实现内容资源数据化、技术服务共享化、内容生产体系化和应用场景多元化成为出版业助力文化"新基建"的关键所在。

（1）以"新网络"支撑内容资源数据化。

虽然出版业在内容资源数据化上进行了一些尝试，如采用流媒体形式传播的有声书和内容资源视频化等，然而受网络传播卡顿、内容画质被迫压缩等的影响，用户只能在特定环境下获取知识内容，用户体验差，依托大数据技术获取的用户消费端数据规模也不够理想。而借助5G技术专网，出版业的关联内容不仅能通过数据传输的形式经由云端快速传递到信息展示终端，从而避免信息延迟、内容不同步等现象，而且能够突破由5G基站部署方式以及通信技术的局限性所造成的"信息死角"和"信息卡顿"，极大地提升数据传输的实时性并扩大覆盖面，为出版业赢得更多的用户群体。5G技术在出版业的运用，既能依托边缘计算实现知识内容数据化转化和重构，又可以在内容传播效率方面有较大提升，同时针对用户定制个性化的内容场景体验。

（2）以"新设施"推动技术服务共享化。

云计算新型基础设施建设，指的是以"信息"和"算力"领域技术创新为目标，实现信息基础设施、融合基础设施和创新基础设施的更新换代。通过构筑"准公共物品"形态的基础设施，出版业将加强与其他行业之间的协作，推动技术服务共享化。在信息基础设施领域，利用大数据、人工智能等互联网技术，形成一套智能化的出版流程和知识服务体系，全面实现出版业的智能化转型。如国家知识产权局知识产权出版社自主研发出的"中知编校"智能图书编校排系统，针对所有图书实现简单的智能编校排工作。该系统在提高出版效率的同时，也推动了行业的整体发展。

（3）以"新平台"驱动内容生产体系化。

当前，由于出版业缺乏自己的全国性行业平台，无法精确了解出版产业链上的实时数据，因而无法及时掌控用户画像、产品画像和市场情况。通过构建以"数据＋算力＋算法＋场景"为支撑点的大数据服务中心和出版业知识服务云计算平台，形成出版业内容生产的体系闭环，在丰富和完善产品形态的基础上，实现资源综合效益最大化。

（4）以"新终端"实现应用场景多元化。

随着新旧媒体界限的逐渐模糊，受众对媒介的需求已不再满足于媒体提供的单向信息传播，而是希望与媒体或与其他用户形成双向互动以增强场景体验感，更加强调媒介与所在地环境特征的良好结合。出版业只有加快适应多形态媒介载体，实现线上、线下场景融合联动，才能在强化用户黏性的基础上，实现部分高客单、高净值用户的转化。

一方面，构建基于社交平台的垂直社群。依托内容产品完成对用户的垂直细分，实现精准、高效的品类场景化和服务场景化体验。出版企业借助算法不断完善用户画像,优化需求分析,提高用户在相同场景下同类互补产品的关联购买,从而不断突破用户体验的临界值。AR 和 VR 技术在出版行业的应用,将释放"嗜好品经济"背后的商业价值,通过为消费者打造新颖的嗜好品,呈现逼真的场景体验和衍生服务,激发消费者潜在的付费意愿,进而创造更大的市场价值。另一方面,不断拓宽界限,努力与制造业、服务业等其他行业共同创造新的阅读场景和消费场景。通过将出版内容资源赋能于智能化产品终端,用户可以通过对话、交互等方式获取内容,随时随地体验沉浸式的知识服务。

2 云计算基础

2.1 云计算的发展演化

众所周知,云计算被视为科技界的下一次革命,它将带来工作方式和商业模式的根本性改变。追根溯源,云计算与并行计算、分布式计算和网络计算密切相关,更是虚拟化、效用计算、SaaS、SOA(service-oriented architecture,面向服务的架构)等技术演进的结果。

云计算的发展演化主要经历了四个阶段,这四个阶段依次是电厂模式阶段、效用计算阶段、网格计算阶段和云计算阶段。

(1)电厂模式阶段。

电厂模式就好比利用电厂的规模效应,来降低电力的价格,让用户使用起来更方便,且无须购买任何发电设备。

(2)效用计算阶段。

在 1960 年左右,计算机设备的价格非常昂贵,远非普通企业、学校和机构所能承受,所以很多人产生了共享计算资源的想法。1961 年,麦肯锡在一次会议上提出了"效用计算"这一概念,其核心是借鉴电厂模式,具体目标是整合分散在各地的服务器、存储系统以及应用程序并共享给多个用户,让用户能够像把灯泡的插头插入灯座,从而使用电力资源一样使用计算机资源,并且根据其所使用的资源量来付费。由于当时整个 IT 产业还处于发展初期,很多强大的技术比如互联网等还未诞生,所以虽然这个想法一直为人称道,但是总体而言"叫好不叫座"。

(3)网格计算阶段。

网格计算阶段研究如何把一个需要巨大的计算能力才能解决的大问题分成许多小的部分,然后把这些部分分配给许多低性能的计算机来处理,最后把这些计算结果综合起来解决大问题。可惜的是,由于网格计算在商业模式、技术和安全性方面存在不足,其并没有在工程界和商业界取得预期的成功。

(4) 云计算阶段。

云计算的核心与效用计算和网格计算类似,也是希望使用 IT 技术能像使用电力那样方便,并且成本低廉。但与效用计算和网格计算阶段不同的是,在云计算阶段,互联网已得到广泛应用,其安全性已为人们所认可,而且协同共享资源的需求越来越强烈。在此需求驱动下,云计算诞生了。

2.2　云计算的特征

无论是广义云计算还是狭义云计算,均具有以下五个特征:

(1) 随需应变自助式服务(on-demand self-service)。

云计算平台具备快速提供资源和服务的能力,用户可以根据自己的实际需求来扩展和使用云计算资源。此外,用户还可以通过网络以自助的方式方便地进行计算能力的申请、配置和调用,供应商则可以及时地进行资源的回收和再分配。

(2) 随时随地使用任何网络设备访问(broad network access)。

云通过互联网提供自助式服务,用户不需要购置相关的复杂硬件设施和应用软件,也不需要了解所使用资源的物理位置及配置信息等,就可通过网络随时随地获取云中的计算资源以及使用高性能的计算力。

(3) 多人共享资源池(resource pooling)。

云平台的供应商将云上的计算资源汇集在一起,形成一个庞大的资源池,然后通过多租户模式将不同的物理和虚拟资源动态地分配给多个用户,并根据用户的需求进行资源的再分配。用户通常不需要知道所提供资源的确切位置,就可以使用一个更高级别的抽象的云计算资源。

(4) 快速弹性使用(rapid elasticity)。

供应商的计算能力能够根据用户需求快速变化进而弹性地实现资源的供应及再分配,实现快速部署资源或获得服务。通常情况下,资源和服务可以是无限的,可以在任何时候购买任意数量的资源和服务。云计算业务按资源和服务的使用量计费。

（5）服务可被监控与量测（measured service）。

云服务系统可以根据服务类型提供相应的计量方式，云自动控制系统通过利用一些适当的抽象服务（如存储、处理、带宽和活动用户账户）的计量能力来提高资源利用率，还可以监测、控制和管理资源使用的情况。同时，还能在供应商和用户之间提供透明服务。

除此之外，一般认为云计算还有其他特征，如基于虚拟化技术快速部署资源或获取服务；减轻用户终端的处理负担；降低用户对于 IT 专业知识的依赖程度。

2.3 云计算的服务模式

2.3.1 基础设施即服务

基础设施即服务（IaaS）是把 IT 基础设施作为一种服务通过网络对外提供，并根据消费者对资源的实际使用量或占用量进行计费的一种服务模式。基础计算资源包括处理能力、存储空间、网络组件或中间件。消费者不需要搭建云基础架构。例如 Amazon AWS、Rackspace。

2.3.2 平台即服务

平台即服务（PaaS）是把服务器平台作为一种服务通过网络对外提供的一种服务模式。此种服务模式允许消费者开发、运行和管理自己的应用，而无须构建和维护通常与应用相关联的基础架构或平台。例如 Google App Engine。

2.3.3 软件即服务

软件即服务（SaaS）是消费者使用应用程序，但并不需要掌握操作系统、硬件或运行的网络基础架构。SaaS 提供了一种新的服务理念，软件服务供应商以租赁的形式给消费者提供服务，消费者无须购买软件，比较常见的模式是提供一组账号和密码。例如 Microsoft CRM 与 Salesforce.com。

2.4 云计算的部署方式

2.4.1 公用云

云基础设施可通过网络及第三方服务提供者，开放给用户使用，这里的"公用"并非免费，但不排除免费的情况。公用云(public cloud)通常在远离用户的地方托管。同时，公用云并不表示用户数据可供任何人查看，其供应者通常会对用户进行访问控制，以尽可能地降低用户风险。

2.4.2 私有云

私有云(private cloud)具备公用云的很多优点，两者最主要的区别在于私有云是为一个用户单独使用而构建的，并不对其他用户公开，因而其提供对数据安全性以及服务质量最有效的控制，从而更大限度地保证用户数据信息的安全。私有云中，数据和程序都在组织内管理，不会受网络带宽及法规限制的影响。

2.4.3 社区云

社区云(community cloud)与公用云相似，不同的是社区云由众多有相仿利益的组织掌控及使用，不对除此组织之外的人公开。社区成员共同使用云数据及应用程序。

2.4.4 混合云

顾名思义，混合云(hybrid cloud)由2种及以上的云(公用云、私有云或社区云)组成。其中每种云相互保持独立，用一套标准或专有的技术将它们组合起来。混合云既可以充分利用公有云的弹性计算、按需计费的特点，还将不适用于公有云的系统核心组件迁移到其他类型的云上。

2.5 云计算发展所面临的机遇和挑战

目前,云计算让人看到了 IT 服务成为公共服务的可能,但其还面临着一些待解决的问题。

2.5.1 云计算所面临的机遇

云计算服务提供商、云计算用户都意识到了云计算的使用价值及其带来的商机。

对于云计算服务提供商来说,云计算为其提供了一个广阔的发展平台。云计算服务提供商采取技术、商业等手段按需提供泛在的云计算服务,这将催生云计算的规模经济。以中小型企业为例,众多中小型企业对 IT 资源和服务的需求是一个潜力可观的巨大长尾市场,这将给云计算服务提供商带来巨大的商机和利益。由于资金和技术人员配置有限,中小型企业在 IT 建设和规划上存在一定的限制,云计算不仅使中小型企业可以根据其自身情况定制计算能力,而且可以规避云计算服务"背后"的 IT 服务和系统维护的问题。

对于云计算用户来说,首先,云计算量入为出的弹性计费模式降低了用户的 IT 投入成本。用户通过 Internet 即可按需定制并获取 IT 基础设备、平台以及软件等 IT 服务,避免出现计算能力不足或闲置的问题。Internet 的应用普及使得信息资源的共享突破了地域和时间的限制,而云计算的出现又进一步推动了资源的共享以及用户之间的合作。例如,Salesforce、维基百科及 YouTube 等互联网平台提供的云计算服务不仅使用户共享了资源,而且进一步提高了用户之间的沟通、合作能力。

由于云计算服务一般是商业行为,所以在性能和质量上应有 QoS 保证。目前,云计算的 QoS 一般是通过 SLA(service-level agreement,服务等级协定)来保证的,即云计算服务提供商和用户在云计算的服务性能、能力以及违反协议的处罚措施等方面达成协议,部分云计算服务提供商利用技术手段保证了云计算服务的 SLA 约束。

2.5.2 云计算所面临的挑战

在研究和应用云计算时,应注意云计算面临以下几个方面的挑战:

1. 客户端计算

在研究和应用云计算时,不能忽略客户端计算的发展。随着数据密集型应用的增加,数据管理对于云计算和客户端计算同样重要,云计算和客户端计算将并存且共同发展。其主要原因:①出于安全考虑,有的用户不愿将数据放在云中处理。②由于云计算基于网络,所以一旦出现网络故障或带宽紧张的情况,云计算服务的效率与质量就会受到影响。故在服务质量要求严格或网络带宽紧张的情况下,客户端计算无疑是最好的选择。③随着计算机技术的发展,客户端计算的能力会越来越强大。

2. 数据与应用的安全性

虚拟化技术使云计算的资源和应用管理对于用户来说是透明的,这会带来一定的问题:①多个用户可能在未注意的情况下共享一个物理资源,这在云计算安全性技术不成熟的情况下,可能会造成一定的安全隐患。②云计算的分布式存储可能会突破本地政府的监管范围,一些敏感数据的遗失或外泄很可能成为国家政治、经济等多个方面的安全隐患。因此,国家应该制定统一的安全政策,保证云计算安全、有效地发展。

3. 兼容性和互操作性

目前,云计算呈现多元化发展的趋势,各个服务提供商提供的云计算服务之间缺乏兼容性和互操作性。

4. 政策监管

经过数十年的飞速发展,云计算技术正在逐步成熟,并且已演变为新型信息基础设施。相应的政策监管也从理论层面转向了实践层面,并且针对数字传播行业的一些特点,重点关注隐私、安全性以及合规性等政策的制定和实施。

2.6 云计算在数字传播中的应用方向

2015 年 9 月,国务院印发的《促进大数据发展行动纲要》提出,要推动大数据与云计算、物联网、移动互联网等新一代信息技术融合发展,探索大数据与传统产业协同发展的新业态、新模式,促进传统产业转型升级和新兴产业发展,培育新的经济增长点。在数字内容大数据时代,数据的冗余问题不断增加,数字内容的精准投放需求也越来越高。因此,高效地结合云计算是解决数字传播大数据问题的必要环节,其主要包括以下三个方向。

1. 云数据中心架构及节能调度

在云计算这种大规模分布式环境下,资源调度中心需要决策如何分配资源来获取最大利益。因此,需要研究数字传播云数据中心架构及节能调度的关键技术,提出云数据中心虚拟化技术及架构、云数据中心节能调度及资源优化的解决方案。

2. 云计算系统的资源调度

研究数字传播云数据中心的资源调度问题,开发和设计更为合理、更有针对性的资源调度方案来管理云环境中的资源,保证系统的性能得以充分发挥。

3. 软件老化与智能重生

云数据中心包含操作系统、数据库软件、中间件和各类应用软件,可能涉及多种与软件老化相关的系统变量和环境因素,且变量之间可能具有复杂相关性。这些变量的多样性和相关性,加上软件老化现象固有的随机性和难以重现性,反映了云数据中心软件老化预测建模分析的复杂性。因此,需要构建云数据中心软件老化预测与智能重生模型,为系统可靠性和可用性建模分析提供理论依据和方法支持,为系统优化提供决策支持。

2.7 本章小结

本章重点介绍了云计算的发展演化、特征、服务模式和部署方式,还提到了目前云计算发展所面临的机遇和挑战,以及云计算在数字传播中的应用方向,以便读者更全面地了解云计算。

3 云计算架构

随着信息技术的不断发展,海量的数字资源不断涌现,用户的信息需求也发生了巨大变化。新一代的数字传播技术已不再满足于获取简单的信息,而是希望通过一种高效的检索方式,获取分散在不同位置的相关领域专业知识,满足用户的实际使用需求。因此,数字传播过程中的信息需求从最初的孤立的、简单的显性信息转变为聚合程度高、关联复杂的知识,这就需要对数字资源进行整合,构建高效的数字传播系统。而在此过程中,设计一个合理的云计算架构对于全面改进、整合数字传播系统的结构和功能将起到十分重要的作用,从而使得数字资源在传播过程中能够发挥最大的作用。

3.1 云计算的总体架构

3.1.1 硬件基础设计架构

(1)服务器集群。云计算所需要的最基本的硬件就是大量串联起来的服务器。为了解决大量密集的服务器串联带来的主机散热问题,云计算数据中心通常会采用"货柜式"摆放法,即将大量的服务器集群规整地摆放在类似大货车的集装箱里。为了实现云计算平台的效用性,对庞大规模服务器集群必须采用具有大规模、可伸缩性、数据可重复性以及容错和平衡负载等特性的串联技术。例如,谷歌的数据中心与 Oregon Dellas 数据中心是互为备份的,为了维护服务器之间的负载平衡,将计算工作平均分配到服务器集群上去。相对于网格计算,云计算的基础设施比较集中。

(2)超容量的空间。作为 IaaS 实体,云计算除了提供高性能的计算以外,还必须有足够的存储空间,以满足用户对不断增强的信息存储的需求。谷歌在全球共拥有 36 个数据中心,能提供近 115.2 万 MB 的存储空间,并且通过 GFS

和 BigTable 来实现数据的存储和管理。

（3）高速网络带宽。云计算是基于 Internet 的网络计算模式，大量的服务器集群和超容量空间的数据存储与交换，不仅要求云计算数据中心的服务器之间使用超高速网络连接，还对客户端的网络速度和频宽提出了更高的要求。

3.1.2　软件系统平台架构

（1）云文件系统层。云基础设施之上必须有一个底层的操作系统，负责数据的存储及访问。如 GFS 就作为谷歌的文件系统，开源 Hadoop 的文件系统为 HDFS（Hadoop Distributed File System）。

（2）虚拟化层。云计算系统中，虚拟化是最关键的技术，即将实体服务器和软件系统虚拟成多个并行可操作的虚拟对象。虚拟化解除了应用程序数据和底层物理资源之间的捆绑，使之更适合不断变化的业务。如 XCP（xen cloud platform）已经成为云计算平台广泛采用的虚拟化软件。

（3）计算模型层。计算力是云计算的重要指标，云计算平台必须提供简单、便捷的计算模型，以保证高质量、高可靠性的计算力。云计算平台的计算模型属于并行运算的范畴，由于云计算数据中心密集，所以不存在早期 MPI 带来的节点失效的问题。目前，云计算模型通常采用 MapReduce 模型。

（4）数据库管理层。云计算需要对分布的、海量的数据进行分析、处理，这就必须要有数据库管理层来对大量数据进行高效管理，包括提供在大规模的数据中找到特定的数据的功能。如 BigTable 和 HBase 分别是谷歌和 Hadoop 所对应的数据库管理层。

（5）用户应用与开发层。云计算系统的终极目标是提供尽可能优质的信息服务，包括个人级和企业级的。其主要是通过 IaaS、Web Service 和应用软件来提供信息查询、存储空间服务、高性能计算、应用程序服务和基于云计算平台的开发等。

3.1.3　云计算体系架构

云计算可以按需提供弹性资源，它的表现形式是一系列服务的集合。结合当前云计算的应用与研究，其体系架构可分为用户访问接口、核心服务、服务管理 3 层，如图 3-1 所示。用户访问接口层实现端到云的访问。核心服务层将硬件基础设施、软件运行环境、应用程序抽象成服务，这些服务具有可靠性强、可用性高、规模可伸缩等特点，满足多样化的应用需求。服务管理层为核心服务提供支持,进一步确保核心服务的可靠性、可用性与安全性。

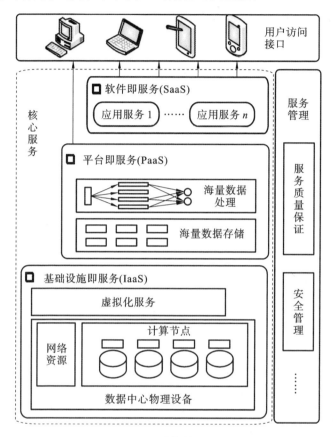

图 3-1　云计算体系架构

1. 用户访问接口层

用户访问接口实现了云计算服务的泛在访问,通常包括命令行、Web 服务、Web 门户等形式。命令行和 Web 服务的访问模式既可为终端设备提供应用程序开发接口,又便于多种服务的组合。Web 门户是访问接口的另一种模式。通过 Web 门户,云计算将用户的桌面应用迁移到互联网,从而使用户可以随时随地通过浏览器访问数据和程序,提高工作效率。虽然用户可以通过访问接口使用便利的云计算服务,但是由于不同云计算服务提供商提供的接口标准不同,用户数据不能在不同服务商之间迁移。为此,在英特尔、Sun 和思科等公司的倡导下,云计算互操作论坛(CCIF,Cloud Computing Interoperability Forum)宣告成立,并致力开发统一的云计算接口(UCI,unified cloud interface),以实现"全球环境下,不同企业之间可利用云计算服务无缝协同工作"的目标。

2. 核心服务层

云计算核心服务层通常可以分为 3 个子层,即基础设施即服务(IaaS)层、平台即服务(PaaS)层、软件即服务(SaaS)层。表 3-1 对以上 3 个服务层的特点进行了比较。

表 3-1 　　　　　　　　　　IaaS 层、PaaS 层和 SaaS 层比较

服务层	服务内容	服务对象	使用方式
IaaS 层	提供硬件基础设施部署服务	需要硬件资源的用户	使用者上传数据、程序代码、环境配置
PaaS 层	提供应用程序部署与管理服务	程序开发者	使用者上传数据、程序代码
SaaS 层	提供基于互联网的应用程序服务	企业和需要软件应用的用户	使用者上传数据

(1) 基础设施即服务(IaaS)层。

IaaS 提供硬件基础设施部署服务,为用户按需提供实体或虚拟的计算、存储、网络等资源。在使用 IaaS 层服务的过程中,用户需要向 IaaS 层服务提供商提供基础设施的配置信息,运行于基础设施的程序代码以及相关的用户数据。由于数据中心是 IaaS 层的基础,因此,近年来数据中心的管理和优化问题成为研究热点。另外,为了优化硬件资源的分配,IaaS 层引入了虚拟化技术,借助 Xen、KVM、VMware 等虚拟化工具,数据中心可以提供可靠性高、可定制性强、规模可扩展的 IaaS 层服务。IaaS 的主要特征是可伸缩性和虚拟化,IaaS 层服务和传统的企业数据中心相比,在很多方面都具有一定的优势,其中最明显的 5 个优势如下:

① 免维护。主要的维护工作都由 IaaS 云供应商负责,用户不必操心。

② 非常经济。免去了用户前期的硬件购置成本,而且由于 IaaS 云大都采用虚拟化技术,所以应用和服务器的整合率普遍在 10% 以上,这样能有效降低使用成本。

③ 跨平台支持。虽然很多 IaaS 平台都具有一定的私有功能,但是由于 OVF 等应用发布协议的诞生,IaaS 在跨平台方面稳步前进,从而使得应用能在多个 IaaS 云上灵活地迁移,而不会被固定在某个企业数据中心内。

④ 支持的应用范围广泛。因为 IaaS 主要提供虚拟机,而且普通的虚拟机能支持多种操作系统,所以 IaaS 能够支持的应用范围是非常广泛的。

⑤ 伸缩性强。传统的企业数据中心往往需要几周时间给用户提供一个新

的计算资源，IaaS 云只需几分钟并且可以根据用户需求来调整计算资源的大小。

（2）平台即服务（PaaS）层。

PaaS 是云计算应用程序运行环境，提供应用程序部署与管理服务。通过 PaaS 层的软件工具和开发语言，应用程序开发者只需上传程序代码和数据即可进行应用的开发或测试，而不必关注底层的硬件管理问题。由于目前互联网应用平台（如脸书、谷歌、淘宝等）的数据量日趋庞大，PaaS 层应当充分考虑对海量数据的存储与处理能力，并利用有效的资源管理与调度策略提高处理效率。

通过 PaaS 这种模式，用户可以在一个提供包括 SDK（software development kit，软件开发工具包）、文档、测试环境和部署环境等在内的开发平台上非常方便地编写程序和部署应用，而且不论是在部署还是在运行的时候，用户都无须为服务器、操作系统、网络和存储等资源的运维而操心，这些烦琐的工作都由 PaaS 云供应商负责。而且 PaaS 在整合率上的表现非常惊人，比如一台运行 Google App Engine 的服务器能够支撑成千上万的应用，也就是说，PaaS 是非常经济的。它的主要用户是开发人员。

一般来说，和现有的基于本地的开发和部署环境相比，PaaS 平台主要有以下 6 个方面的优势：

① 友好的开发环境。通过提供 SDK 和 IDE（integrated development environment，集成开发环境）等工具，用户不仅能在本地方便地进行应用的开发或测试，而且能进行远程部署。

② 多样的服务。PaaS 平台会以 API（Application Programming Interface，应用程序编程接口）的形式将各种各样的服务提供给上层的应用。

③ 完善的管理和监控机制。PaaS 能够提供应用层的管理和监控，比如能够通过观察应用运行的情况和具体数值［如吞吐量（throughput）和响应时间（response time）等］来更好地衡量应用的运行状态，还能够通过精确计量应用所消耗的资源来更好地计费。

④ 伸缩性强。PaaS 平台会自动调整资源来帮助运行于其上的应用更好地应对突发流量。

⑤ 多租户（multi-tenant）机制。许多 PaaS 平台都自带多租户机制，其不仅能更经济地支撑庞大的用户规模，而且能提供一定的定制服务以满足用户的特殊需求。

⑥ 整合率和经济性。PaaS 平台的整合率非常高，比如 PaaS 的代表 Google App Engine 能在一台服务器上承载成千上万的应用。

(3) 软件即服务(SaaS)层。

SaaS 是基于云计算基础平台所开发的应用程序。企业可以通过租用 SaaS 层服务解决企业信息化问题,如企业通过 Gmail 建立属于该企业的电子邮件服务。该服务托管于谷歌的数据中心,企业不必考虑服务器的管理、维护问题。对于普通用户来讲,SaaS 层服务将桌面应用程序迁移到互联网上,可实现应用程序的泛在访问。

SaaS 为企业提供一种降低软件使用成本的方法——按需使用软件而不是为每台计算机购买许可证。尤其是考虑企业中大多数计算机约 70% 的时间是空闲的,SaaS 可能非常有效——企业不是为单一用户购买多个许可证,而是让许可证的使用时间尽可能接近 100%,从而尽可能地节省成本。它具有如下优势:

① 降低部署难度。

在过去,部署传统的桌面应用程序的工作量很大。受这个问题困扰的开发商应该考虑部署软件的 SaaS 版本。但是,传统软件开发公司进入 SaaS 市场的最大障碍是,在许多情况下,让桌面应用程序能够作为 SaaS 应用程序运行,在某种程度上需要重新编写软件。这正是向云计算转移的过程比较平缓的主要原因之一。在大多数情况下,符合逻辑的解决方案是分阶段地把软件转移到云中,首先以 SaaS 的形式提供原应用程序的高度简化的版本。

云计算与过去的“LAN 计算”之间有许多相似之处。典型的 LAN 架构由站内的许多工作站组成,它们常常被称为“哑终端”,它们通过连接强大的大型机(常常由 IBM 提供)运行应用程序。这种计算类型过去非常适合企业,因为 IT 部门能够完全控制版本,可以非常方便地多次部署更新。同样,过去妨碍桌面软件应用程序开发商进行版本控制的后勤障碍在云中也不存在,因为软件能够在开发公司直接访问的基础设施上运行。

② 提升用户接受度。

SaaS 提供的多种业务模型尤其有吸引力。例如,Intuit 以 SaaS 的形式提供 QuickBooks Online,按月收取服务费。同时,Adobe 在 Photoshop.com 和 Acrobat.com 中应用了 SaaS,以 Freemium 服务的形式提供软件。Freemium SaaS 的收入模型是:预计免费用户中的一部分最终会觉得软件很有用,他们会升级到启用了更多特性的 SaaS 付费版本,或者购买包含所有特性和功能的桌面版本的许可证。这种方法往往比采用“受限制的演示”模式的试用软件更好,因为演示模式要求用户在桌面计算机上安装他们可能不会购买的应用程序。另外,如果免费用户中升级的比例低于预期,则可以通过广告进一步补充这个模型。随着云计算的发展,传统的桌面软件厂商经常使用这种方法适应市场的变化。

③ 减少支持多种平台的需求。

大型客户服务中心的运营成本很高,其中一个很重要的原因是支持多种平台而导致用户遇到的系统 bug 增多,而 SaaS 可以大大缓解这一难题。首先,部署的简便性让开发人员能够在发现 bug 之后很快修复,也意味着大多数 bug 可以在用户遇到它们之前被修复,从而减轻客户服务部门的负担,提高用户满意度,降低用户流失的可能性。另外,传统桌面软件应用程序的开发商常常必须支持多种平台,以满足用户的需求,但运行在云端的 SaaS 则可以无缝支持多种平台,无须考虑与平台相关的软件运行环境。

④ 降低软件开发和迭代升级的成本。

降低软件开发和迭代升级的成本是指开发商由于能够控制软件版本及其运行的基础设施,获得了经济利益,从而降低了成本。因为开发商可以控制运行软件的平台(通常平台对于用户完全透明),所以他们不必负担在多个平台上测试及部署 bug 补丁和新特性的额外开销,这会节省大量时间和资金,让 SaaS 应用程序的升级成本更低。节省的大量时间和资金让开发商有机会更好地响应用户的请求并增强软件易用性,提高用户满意度,降低用户流失的可能性,从而获得间接的经济利益。

3. 服务管理层

服务管理层为核心服务层的可用性、可靠性和安全性提供保障。服务管理层包括服务质量(QoS)保证和安全管理等。

云计算需要提供可靠性高、可用性强、成本低的个性化服务。然而,云计算平台规模庞大且结构复杂,很难完全满足用户的 QoS 需求。为此,云计算服务提供商需要和用户协商,并制定服务等级协定(SLA),使得双方对服务质量的需求达成一致。当服务提供商提供的服务未能达到 SLA 的要求时,用户将得到补偿。

此外,数据的安全性一直是用户较为关心的问题。云计算数据中心采用的资源集中式管理方式使得云计算平台存在单点失效的问题。保存在数据中心的关键数据会因为突发事件(如地震、断电)、病毒入侵、黑客攻击而丢失或泄露。根据云计算服务的特点,研究云计算环境下的安全与隐私保护技术(如数据隔离、隐私保护、访问控制等)是保证云计算得以广泛应用的关键。

除了 QoS 保证、安全管理外,服务管理层还包括计费管理、资源监控等管理内容,这些管理措施对云计算的稳定运行同样起重要作用。

3.2 云计算架构的关键技术

云计算的目标是以低成本的方式提供可靠性高、可用性强、规模可伸缩的个性化服务。为了达到这个目标,需要数据中心管理、虚拟化、海量数据处理、资源管理、QoS 保证、安全与隐私保护等若干关键技术加以支持。本节详细介绍核心服务层与服务管理层涉及的关键技术。

1. 数据中心相关技术

数据中心是云计算的核心,其资源规模与可靠性对上层的云计算服务有着重要影响。谷歌、脸书等互联网公司十分重视数据中心的建设。与传统的数据中心不同,云计算数据中心具有以下特点:

① 自治性。传统的数据中心需要人工维护,而云计算数据中心的大规模性要求系统在发生异常时能自动重新配置,并从异常中恢复,而不影响服务的正常使用。

② 规模经济。通过对大规模集群的统一化、标准化管理,单位设备的管理成本大幅降低。

③ 规模可扩展。考虑建设成本及设备更新换代,云计算数据中心往往采用大规模高性价比的设备组成硬件资源,并提供规模可扩展的空间。

基于以上特点,云计算数据中心的相关研究工作主要集中在以下两个方面:研究新型的数据中心网络拓扑,以低成本、高带宽、高可靠性的方式连接大规模计算节点;研究有效的绿色节能技术,以提高效能比,减少环境污染。

(1) 数据中心网络拓扑设计。

目前,大型的云计算数据中心由上万个计算节点构成,而且节点数量呈上升趋势。计算节点的大规模性给数据中心网络的容错能力和可扩展性带来挑战。针对这一趋势,传统的树形网络拓扑结构(图 3-2)存在以下缺陷:首先,可靠性低,若汇聚层或核心层的网络设备发生异常,网络性能会大幅下降;其次,可扩展性差,因为核心层网络设备的端口有限,难以支持大规模网络;最后,网络带宽有限,在汇聚层,汇聚交换机连接边缘层的网络带宽远大于其连接核心层的网络带宽(带宽比例为 80∶1,甚至是 240∶1),所以对于连接在不同汇聚交换机的计算节点来说,它们的网络通信容易受到阻塞。

为了弥补传统树形网络拓扑结构的缺陷,研究者提出了 VL2、PortLand、DCell、BCube 等新型的网络拓扑结构。这些拓扑结构是在传统的树形网络拓扑

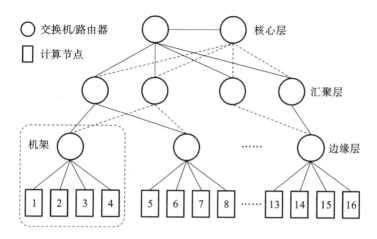

图 3-2　传统的树形网络拓扑结构

结构中加入类似于 mesh(无线网格网络)的构造,使得节点之间的连通性与容错能力更高,易于负载均衡。同时,这些新型的网络拓扑结构利用小型交换机便可构建,使得网络建设成本降低,节点更容易扩展。

以 PortLand 为例来说明网络拓扑结构,如图 3-3 所示。PortLand 借鉴了 Fat-Tree 拓扑的思想,可以由 $5k^2/4(k$ 是端口数)个交换机连接 $k^3/4$ 个计算节点。PortLand 由边缘层、汇聚层、核心层构成。其中,边缘层和汇聚层可分解为若干个 Pod,每一个 Pod 含 k 台交换机(每层 $k/2$ 台交换机)。Pod 内部以完全二分图的结构相连。边缘层交换机连接计算节点,每个 Pod 可连接 $k^2/4$ 个计算节点。汇聚层交换机连接核心层交换机,每个 Pod 连接 $k^2/4$ 台核心层交换机。

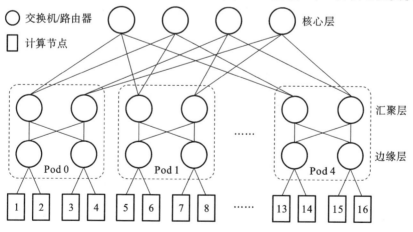

图 3-3　PortLand 网络拓扑结构

PortLand 可以保证任意两点之间有多条通路,计算节点在任何时刻两两之间可无阻塞通信,从而满足云计算数据中心高可靠性、高带宽的需求。同时,Port-Land 可以利用小型交换机连接大规模计算节点,这样既带来良好的可扩展性,又降低了数据中心的建设成本。

(2) 数据中心节能技术。

云计算数据中心规模庞大,为了保证设备正常工作,需要消耗大量的电能。据估计,一个拥有 50000 个计算节点的数据中心每年耗电量超过 1 亿千瓦时,电费达到 930 万美元。因此,需要研究有效的绿色节能技术,以降低能耗。实施绿色节能技术,不仅可以减少数据中心运行的能源开销,而且能减少二氧化碳的排放,有利于环境保护。

当前,数据中心能耗问题受到工业界和学术界广泛关注。谷歌的分析表明,云计算数据中心的能耗主要来自 IT 设备、不间断电源、供电单元、冷却装置、新风系统、增湿设备及附属设备(如照明、电动门等)。如图 3-4 所示,IT 设备和冷却装置的能耗比重较大。因此,首先需要针对 IT 设备和冷却装置进行研究,以控制数据中心的能耗总量或在性能与能耗之间寻求最佳的平衡点。目前,数据中心主要使用的节能手段有以下几个方面:

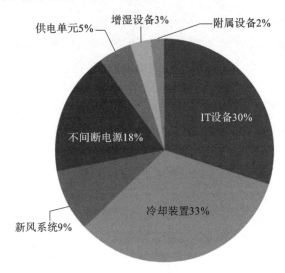

图 3-4　数据中心的能耗分布

① 冷热通道隔离技术。

传统的开放式热通道结构数据中心面临着两大气流管理难题:冷热空气相混合和空调冷送风。这两种现象大大降低了空调的制冷效率。其中,冷热空气相混合指的是设备产生的热空气和空调机的冷送风相混合,从而提高了设备的进风温度;空调冷送风则是空调机的冷送风并未进入设备,并未对设备冷却而是直接回流到空调机。如何解决这两大难题?最简单的方法就是将机柜面对面摆放形成冷风通道,背靠背摆放形成热风通道,这样就能有效地减少冷热空气混流,提高空调制冷效率。

② 采用变频电机。

空调系统的制冷能力与环境密切相关,夏天室外温度越高,制冷能力越低,因此大型数据中心空调系统的制冷量都是按最差工况(夏天最热时)设计的(空调的制冷量一般要比其在理想工况下的额定值低,这时数据中心的各种设备本身不但不散热,反而吸热)。因此,在空调系统中所有电机采用变频系统,这样可以节约大量的能量。

③ 供配电系统节能。

精确计算供电功率,使用用电管理软件精确计算用电功率和智能化控制系统用电,提高电源利用率,为机房建设规划提供更精确的数据,智能控制整体用电量;供配电系统节约电能的技术方法,主要是配电电压深入负荷中心、配电变压器的正确选择和经济运行、配电线路的合理选择和经济运行、电压调节和无功补偿等技术和方法的采用。

④ 高压直流供电技术。

与传统 48V 供电系统类似,高压直流供电系统是由多个并联冗余整流器和蓄电池组成的。在正常情况下,整流器将市电交流电源变换为 270V、350V 或 420V 等直流电源,供给电信设备,同时给蓄电池充电。电信设备需要的其他电压等级的直流电源,采用 DC/DC 转换器转换得到。市电停电时,由蓄电池放电为电信设备供电;市电长时间停电时,由备用发电机组替代市电,提供交流输入电源。高压直流供电的优势有以下几点:可靠、易操作维护、可提高负载的可靠性、智能化管理、安全、高效、节能。

2. 虚拟化技术

数据中心为云计算提供了大规模资源。为了实现基础设施服务的按需分配,需要使用虚拟化技术。虚拟化是 IaaS 层的重要特征,也是云计算最重要的特点。虚拟化技术具有以下特点:

① 资源共享。通过虚拟机封装用户各自的运行环境,有效实现多用户共享数据中心资源。

② 资源按需分配。用户利用虚拟化技术,配置私有的服务器,指定所需的 CPU 数目、内存容量、磁盘空间,实现资源的按需分配。

③ 提高资源利用率。将物理服务器虚拟化为若干虚拟机,可以提高服务器的资源利用率,减少浪费,而且有助于服务器的负载均衡和节能。

(1) 服务器虚拟化。

云计算系统可以把一台物理商用计算机虚拟化为一台或多台逻辑虚拟机。虚拟机之间通过虚拟机监控(VMM)共享 CPU、内存、硬盘等物理资源。虚拟化架构技术有两种形式:一种是将若干个分散的物理服务器虚拟成一个整体逻辑服务器,我们把这种将 N 个物理资源虚拟成 1 个虚拟资源池的形式称为虚拟化的 $N:1$ 形式,这种形式可以将分散的物理资源集中起来进行统一管理;另一种是在一个物理资源中划分出多个虚拟机,各个虚拟机可以运行独立服务程序。拟研究 1：N 虚拟化(1 个物理资源虚拟出 N 个虚拟机实例),这种形式可以弱化应用软件的平台相关性。对于虚拟化架构的数据中心而言,整个资源管理和分配工作由虚拟资源池完成,资源的分配方式更加灵活,负载运行环境与物理平台无关,相对于传统数据中心而言具有更高的资源利用率。

(2) 存储虚拟化。

云计算系统通过在物理存储系统和服务器之间增加一个虚拟层,把实际的物理存储虚拟化成逻辑存储,当用户访问存储器时,实际访问的是逻辑存储,这样就能够整合不同类型的存储系统。

(3) 网络虚拟化。

云计算系统既可将物理网络分割成多个不同的逻辑网络,使得不同应用相互隔离,又可整合网络节点虚拟化出一台逻辑设备,简化网络架构。

3. IaaS、PaaS 和 SaaS 服务模式

服务模式创新是云计算的一个重要特性。云计算彻底实现了计算机软硬件都是服务的变革,今后用户所需要的东西只有一种——服务,包括计算服务、网络服务、软件服务、平台服务、存储服务等。

IaaS 就是将基础设施(主要为计算资源、网络资源和存储资源)作为服务出租。这意味着虚拟计算机不仅具有可靠的处理能力,而且为存储和 Internet 访问预留了带宽。实际上,IaaS 具有在特定服务质量约束的情况下出租计算机或数据中心的能力,使虚拟计算机能执行任意操作系统和软件。IaaS 使用方式分为公共的和私有的两种,公共 IaaS 采用 Internet 上的公共服务器池,例如亚马逊的弹性计算云;而私有 IaaS 则使用企业内部数据中心的一组公共或私有服务器池。

PaaS 就是 IaaS 加上一个用于给定应用的定制软件栈,可描述为一个完整的虚拟平台,包括操作系统和围绕特定应用的必需的服务。它包含一个软件层,而该软件层则可作为一项服务用来构建更高水平的服务,这项服务可用来构建更高水平的服务,例如 SaaS。

SaaS 是一种基于互联网提供软件服务的应用模式,是管理软件的发展趋

势,也是云计算部署的最佳实践。由于 SaaS 的依托对象为软件和互联网,因此它具有互联网特性、多重租赁特性和易用特性。

4. 并行计算

并行计算是相对串行计算(通常针对单个 CPU 或单台计算机)提出的一种计算方法,它将进程相对独立地分配于不同的节点上,由各自独立的操作系统调度,享有独立的 CPU 和内存资源(内存可以共享),进程间通过消息传递相互交换信息。

并行计算机通常是多指令多数据 MIMD 系统,主要的结构类型有并行向量处理机(PVP)、对称多处理机(SMP)、大规模并行处理机(MPP)、分布式共享存储处理机(DSM)、工作站机群(COW)和网格机(Grid Machine),全球超级计算机 TOP500 中大多采用 COW 和 MPP 结构,而 PVP 已退出历史舞台。主要的存储访问模型有一致性存储访问(UMA)、非一致性存储访问(NUMA)、一致性高速缓存非均匀存储访问(CCNUMA)、缓存存储访问(COMA)和非远程存储访问(NORMA)。

并行计算模型主要为 PRAM(parallel random access machine)、BSP(bulk synchronous parallel)和 LogP。PRAM 是单指令流多数据流(SIMD)并行机中的一种具有共享存储特点的模型,其优点是结构简单,便于理论分析;BSP 计算模型又称大同步模型,其放弃了程序局部性原理,从而简化了程序与开发;LogP 使用了 L(Latency)、O(Overhead)、G(Gap)、P(Processor)4 个参数来描述 LogP 模型,采用消息同步技术。

并行程序开发环境主要有 MPI(message passing interface)、OpenMP 和 PVM(parallel virtual machine)。MPI 由标准消息传递函数及相关辅助函数构成,多个进程通过调用这些函数进行通信;OpenMP 是为在多处理机上编写并行程序而设计的一个应用编程接口,包括一套编译指导语句和一个用来支持它的函数库;PVM 将各种异构计算机的集合看成一个通用的并行计算环境,可满足用户选择合适的程序设计方式表达应用算法和选择最合适的硬件体系结构执行的要求,支持软件重用。MPI 多用于集群系统,而 OpenMP 则用于共享存储系统。PVM 用于网络并行计算系统。

5. SOA 技术

SOA 技术旨在满足 Internet 环境下业务集成的需要,其本质是通过连接独立功能实体而实现的一种软件系统架构。SOA 是一个组件模型,它将应用程序的不同功能单元通过这些单元之间定义的接口和契约联系起来。接口是采用中立的方式定义的,独立于实现服务的硬件平台、操作系统和编程语言。这使得构建在这样的系统中的服务可以以一种统一和通用的方式进行交互。

6. 分布式存储技术

云计算系统为保证高可用性、高可靠性和经济性,用分布式存储的方式来存储数据并用冗余存储的方式来保证存储数据的可靠性。为满足大量用户的需求,分布式存储技术具有高吞吐率和高传输率的特点。

目前较为流行的分布式系统有谷歌文件系统 GFS(Google file system),GFS 的设计原则有以下几个方面:机器失效不能视为异常现象;能够对付大型、超大型文件处理;支持大量用户同时访问。GFS 的设计要点在于将每个文件拆成若干个 64M 文件块(chunk),每个文件块都由 master 根据其创建时间指定。文件块(chunk)被保存在 Chunk Server 本地磁盘中。

3.3 主流商业云平台

3.3.1 谷歌

1. 分布式文件系统 GFS

GFS 是谷歌公司为了存储海量数据而设计的专用文件系统,它是一个可扩展的分布式文件系统,用于对大型的、分布式的大量数据进行访问。它虽运行于普通硬件上,但能提供容错功能,并且可以给大量的用户提供总体性能较高的服务。

对于分布式文件系统,存储文件的媒介不仅可以是本地计算机,而且可以是通过网络连接的各个计算机节点,从而形成一个庞大的文件存储体系。该存储体系中的各个节点可分布于不同的地理位置,节点之间通过网络进行通信和交互。分布式文件系统对于用户是透明的,用户无须了解数据的具体存储位置和获取位置,只需要同使用本地存储一样存储和管理文件。

GFS 在继承传统的分布式文件系统的优点(如存储性能、可伸缩、可用性等)的基础上,还针对大数据的特征加入了许多新的理念,如把组件失效当作常态、所处理的文件规格通常是 GB 级、采用文件尾部追加数据等。

在架构方面,GFS 采用的是主从结构。如图 3-5 所示,其由一个主服务器和多台块服务器组成,允许多个客户端同时访问。主节点主要管理文件系统中的元数据,包括命名空间、访问控制信息、块位置信息、块映射信息等。在 GFS 存储的文件都被切分成固定大小的块,而主节点会在块创建的时候,分配给它们一个 64 位标示。块节点主要负责把块以 Linux 文件的形式存储于本地,并按照标示对块数据进行读写操作。而每个块都会被复制到多个不同的块服务器上,默认每个块都有 3 个存储复制节点,各个节点相互分散,以确保文件系统的可靠性。此外,主节点使用心跳机制,即周期性地和各个块节点进行通信,接收块节点的最新状态信息。

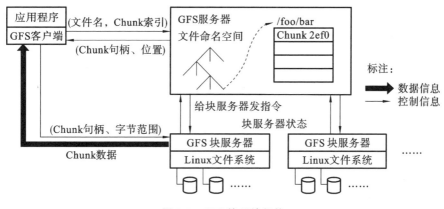

图 3-5　GFS 的系统架构

2. Google MapReduce 模式

分布式计算,是指先把分散在不同地理区域的计算资源,通过互联网连接起来,从而形成一个共享的计算网;然后,通过该网络,把一个需要巨大计算资源才能解决的问题,分配给众多计算节点处理;最后,把分散的计算数据进行整合,并得到该问题的最终结果。

MapReduce 是一种分布式的软件编程架构模式,这种模式可以把对数据集的大规模操作分发给网络中的各个节点处理。MapReduce 编程模式由 Map 和 Reduce 组成,二者的输入/输出数据均以<key,value>键值对作为数据类型与数据处理方式。键值对是数组的一种变型,数组下标对应为键,而数组内容对应为值,在<key,value>键值对中,key 对应广义数组的下标,value 对应广义数组下标相应的值。采用这种方式去除了数组名和数组值类型,适用于非结构化及半结构化数据,可以不受数据类型的制约。map( )函数的输入数据是一个16~64 MB的数据片段(split),这个数据片段会由当前节点格式化为源键值对<keyIn,value>,并依次传送给 map( )函数,而 map( )函数会根据程序定义的规则进行处理,最终生成一系列的中间键值对<key1,value>,

<key2，value>，<key3，value>，…，将 map 任务输出的中间数组整合起来的过程称为 shuffle 过程，shuffle 采用 hash()函数，把中间数组按照 key 值分成 Reduce 的任务数 X，即"hash(key) mod X"，这样就能确保同一范围的 key 值由同一的 Reduce 处理。reduce()函数的输入数据，是把中间结果整合后再进行排序而产生的<key，value>集，然后调用 reduce()函数处理，得到目标键值对<keyOut，value>。在 Map 阶段对每个元素进行处理，而在 Reduce 阶段则将所有的处理结果进行规约汇总。如果在 Map 阶段所需处理的任务过多，那么可以把一个 Map 拆分为多个层次的 Map 后再执行；同样，如果在 Reduce 阶段的任务过多，也可以把一个 Reduce 分解为多个层次的 Reduce 进行规约汇总。在同一层次的 Map 或 Reduce 可以并行操作，并可以分配到不同节点执行，以达到并行和分布的处理效果。谷歌的 MapReduce 计算框架的主要执行流程如图 3-6 所示：MapReduce 库先将用户程序划分为 16~64 MB 的 split，然后，用户程序在集群中创建大量程序副本。在副本中有一个 Master 程序和多个 Worker 程序，Master 分配 map 任务、reduce 任务给空闲的 Worker。Map Worker 在接收到 map 任务后，对输入的数据片段进行处理，解析出源键值对<keyIn，value>，并传递给 Map 程序，Map 程序生成中间键值对<key，value>，缓存于内存。内存中的<key，value>会被分区函数分成 N 个区域，再写入本地磁盘，其存储位置将传送给 Master。Master 会将存储位置分配给 Reduce Worker，Reduce Worker 读取所有的中间数据后，通过对 key 进行排序，使具有相同 key 值的 value 集中

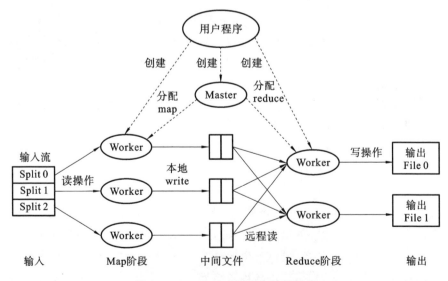

图 3-6 Google MapReduce 编程框架

在一起,再传递给用户的 reduce()函数,reduce()函数追加到输出文件。当所有的 map 和 reduce 任务都完成之后,Master 唤醒用户程序,用户程序中的 MapReduce调用被返回。

3. 分布式存储系统 BigTable

分布式存储系统,是指通过计算机网络把数据分散地存储在网络中的不同节点,每个节点均有自治处理能力,并参与全局应用,各个节点均可扩展。分布式存储系统中的数据在物理上分别存储在不同的位置,在逻辑上则是一个统一的整体,接受统一的调度及管理。

BigTable 是谷歌著名的分布式存储系统,主要用于处理海量数据,是一种非关系型数据库,是一个分布式的、稀疏的、持久化的多维度排序映射,即一个键值 key/value 映射,映射的索引是行键、列键以及时间戳。BigTable 通过行键的英文字母顺序来组织数据,行键可以是任意的字符串,最大长度为 64 KB,同一个行关键字的读、写操作都是原子性操作的,表中的行都是动态分区的,当操作读取行中只有几列数据时,可通过选择合适的行关键字,有效利用数据的位置相关性,快速寻找到数据。列是二级索引,每行拥有的列都是可扩展的,列组成的集合叫"列族",通过列族可以将多个存储相同类型的列数据合并为一个小组,列的命名格式:"列族:限定词"。BigTable 允许保存同一数据的不同版本,版本之间通过时间戳来区分。BigTable 和用户程序均可以给时间戳赋值,数据的版本以时间戳降序存储。

BigTable 运行在 GFS 之上,如图 3-7 所示,其主要包括三个构件:链接到客户端的库、一个 Master 节点和多个 Tablet 节点。可以把数据库看成一张大表,而 Tablet 就是组成大表的小表,是最小的处理单位。Master 节点负责分配 Tablet到 Tablet 服务器、检测更新 Tablet 状态等。而 Tablet 节点则负责处理

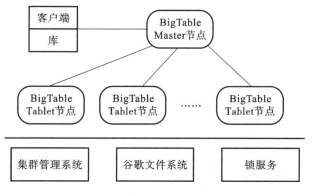

图 3-7 谷歌存储系统框架

读写数据的相关操作。

4. 分布式锁服务 Chubby

分布的一致性问题是分布式算法中的一个重要问题。在一个分布式系统中,有一组进程,它们需要确定一个值,于是每个进程都提出了自己的一个值,而一致性就是指只有其中的一个值能够被选中并作为最后确定的值,当这个值被选出来以后,需要将这个值通知给所有的进程。从表面上看,这个问题很容易解决。比如设置一个服务器,所有的进程都向这个服务器提交一个值,服务器则可以通过一个简单的规则来挑选出一个值(例如最先到达的值被选中),然后由这个服务器通知所有的进程。但是在分布式系统中,就会有各种各样意想不到的状况发生,例如这个服务器突然崩溃,所以我们可能需要由几台服务器共同决定。还有进程提交值的时间也有可能不一样,网络传输过程中的延迟导致这些值被传到服务器的顺序也都没有保证。为了解决这个问题,有很多人提出了各种各样的协议,这些协议可以看作一组需要遵循的规则,按照这些规则,就能够从进程提交的值中选出一个唯一的值。其中,最有名的协议就是 Paxos 算法。而 Chubby 则是为了解决一致性问题而构建出来的,只是它并不是一个协议或者是一个算法,而是由谷歌精心设计的一个服务,不仅能够解决一致性问题,还有其他的一些很实用的好处。

Chubby 是一个分布式的文件系统,能够提供机制使得客户端可以在 Chubby 所提供的服务上创建文件和执行一些文件的基本操作。从更高一点的语义层面上来看,Chubby 是一个针对松耦合的分布式系统的锁服务,具有开发人员经常用的"加锁"和"解锁"功能。通过 Chubby,一个分布式系统中的上千个客户端都能够对某项资源进行"加锁"和"解锁"。

5. 分布式存储系统 Megastore

Megastore 是谷歌的一个内部存储系统,它的底层数据存储依赖 BigTable,也就是基于 NoSQL 实现的。但是和传统的 NoSQL 不同的是,它实现了构建类似 RDBMS 的数据模型,同时提供数据的一致性解决方案(同一个数据中心,基于 MVCC 的事务实现),并且将数据进行细颗粒度的分区(这里的分区是指在同一个数据中心,而所有的数据中心都有相同的分区数据),然后将更新了的数据在机房进行同步复制(这能保证所有数据中心中的数据一致)。

Megastore 的数据复制是通过 Paxos 同步进行的,如果更新一个数据,机房会复制同一个数据到所有机房,且复制顺序都是一致的。同步复制保证数据的实时更新,采用 Paxos 算法则保证了所有机房更新的一致性,所以 Megastore 的更新可能会比较慢;而所有读都是实时读(对于不同机房是一致的),因为部署有多个机房,并且数据总是最新的。

为了达到高可用性,Megastore 实现了一个同步的、容错的、适合长距离连接的日志同步器。为了达到高可扩展性,Megastore 将数据分成一个个小的数据库,每一个数据库都有自己的日志,这些日志存储在 NoSQL 中。Megastore 将数据分区为一个 Entity Groups 的集合,这里的 Entity Groups 相当于一个按 ID 切分的分库。一个 Entity Groups 里面有多个 Entity Group(相当于分库里面的表),而一个 Entity Group 有多个 Entity(相当于表中的记录)。

在同一个 Entity Group(相当于单库)中的多个 Entity 的更新事务采用 single-phase ACID 事务,而跨 Entity Group(相当于跨库)的 Entity 更新事务采用 two-phase ACID 事务(2 段提交),但更多使用 Megastore 提供的高效异步消息实现。需要说明的一点是,这些事务都是在同一个机房的,机房之间的数据交互都是通过数据复制来实现的。

3.3.2 亚马逊

在如今互联网技术高速发展的时代,云计算已经成为各个公司争相开发研究的重点项目,而亚马逊公司更是这方面的先驱,它的云计算产品面市很早,因此拥有了庞大的客户群。Dynamo 存储架构作为亚马逊公司主推的存储架构,是分布式存储系统的标杆。亚马逊还提出了 EC2 的云计算服务,一般称之为亚马逊的“弹性计算云”(Amazon elastic compute cloud)。亚马逊公司给云计算的用户提供了一个平台用于构建能满足自己需求的系统,在平台上可以设置各种应用,之后上传至亚马逊的 S3 服务(简单存储服务,Amazon simple storage service),并进行各项所需的注册。

亚马逊的弹性计算云服务可以提供各种性能强度的计算云,多至千台级的计算设备,少至 1 台虚拟机都没有问题。总的说来,就是亚马逊提供的服务范围非常广,完全可以按照用户的需求来提供相应的业务。当然,用户对于费用的支出也是按照他在 S3 平台所构建的计算云的性能需求和资源需求来衡量的。这样执行业务,用户的实际需求就很合理地转化为服务的购买。也正因为这种非常合理的需求与业务的转化方式,亚马逊的 S3 云存储业务成为至今都非常热门并且十分稳定的云存储平台设计产品。亚马逊之所以在存储业务上有如此成功的发展,主要得益于它非常经典的分布式存储架构 Dynamo。

亚马逊的云服务 AWS,是一个能为各种规模的企业提供富有弹性的云计算业务的服务型产品,AWS 提供的各种服务能满足不同企业的各种业务需求。AWS 所提供的主要服务包括弹性计算云 EC2、简单存储服务 S3、简单队列服务

SQS、简单数据库服务 SimpleDB、弹性 MapReduce 服务、内容推送服务 Cloud-Front、电子商务服务 DevPay 和灵活支付服务 FPS 等。

1. 弹性计算云 EC2

亚马逊的弹性计算云 EC2 可以说是亚马逊云计算业务的基础。EC2 就是虚拟机集群,其特殊之处在于 EC2 的性能可以无限伸缩,它能够根据业务需求量的变化而调整自己的计算能力。这样弹性的计算方式,在满足用户需求的同时能很好地控制成本,保证不因多余无用的工作而浪费系统自身的计算资源。并且它还具有优秀的云存储架构的共性:安全性、易用性、灵活性、容错性和较低的成本。EC2 的基本架构如图 3-8 所示。

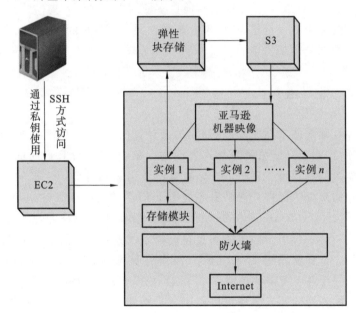

图 3-8　亚马逊弹性计算云 EC2 的基本架构图

下面介绍 EC2 中的主要概念:

(1) 弹性块存储(elastic block store,EBS)。这个部分专为 EC2 设计,旨在对有长期保存需求和较为重要的数据进行存储。

(2) 亚马逊机器映像(Amazon machine image,AMI)。此模块主要分为公共 AMI、私有 AMI、共享 AMI 和付费 AMI。它是用户的云计算平台得以正常运行的基础,所以不可或缺。EC2 服务执行的第一步就是让用户创建一个属于自己的 AMI。

(3) 实例(instance)。这一部分就是实际运行的系统,并且系统在用户创建成功以后才会开始运行。

（4）区域：可分为地理区域和可用区域两种。地理区域的划分是参照存储设备的地理位置；可用区域的划分一般是参考数据中心，为有效对各个区域之间的错误进行隔离而创建。所以，用户应该将自己的多个实例放在不同的地理区域和可用区域，当其中的某个区域出现了问题，其他区域就可以用别的实例代替，这样就很好地保证了系统的可用性和稳定性，也很好地保证了用户的利益。

（5）通信机制。系统内部各个模块之间的通信以及系统对外的通信都通过IP地址来完成。

（6）安全机制。用户会根据一定的规则来对网络流量进行判定，由安全组来界定用户正在运行的实例应该接受哪些流量，安全组就是一组规则。

（7）容错机制。用户正在运行的实例总会出现问题，为了保证服务的高可用性，必须保证总是有实例可以被使用。所以用户账号会绑定弹性IP地址，一旦正在运行的实例发生故障，用户把绑定的弹性IP地址映射到新的IP地址即可，正在进行的访问服务不会察觉到任何差异，基本可以实现无缝更换IP地址。

2. 简单存储服务 S3

S3采用的是关系型数据库的非传统存储模式，能够针对所有类型的文件，为其提供临时或永久的存储服务。S3基本结构如图3-9所示。

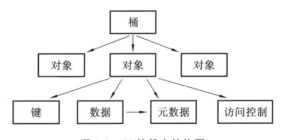

图 3-9 S3 的基本结构图

S3中几个重要的概念介绍如下：

（1）桶：一个容器，用来存储对象，具有不可嵌套、在S3中命名唯一、每个用户最多创建100个等特征。

（2）对象：S3中最基本的存储单元，包括数据、元数据等，数据类型任意。

（3）键：标识符，是对象的唯一标识。

如图3-10所示，当有一些数据中心或服务器出现故障的时候，用户不会有任何异常的感觉，依然可以对数据进行访问和操作，这主要是因为S3为了保证系统的安全性，采用了冗余存储机制。这样做的缺点就是用户在对数据进行操作的时候可能会出一些状况，带来一些问题，例如，在刚存入数据就进行读取的时候,系统可能会返回"键不存在"的提示信息。分析其中的原因,不难发现其实这就是 S3 采用的折中手段,目的是保证用户数据的一致性——在数据没有完全传播到所有存放的节点时,返回的依旧是原数据,其实这种思想就是 Dynamo 中一直强调的最终数据的一致性。同时,S3 为了保证其安全性,向用户提供了身份认证与访问控制列表的双重安全机制。

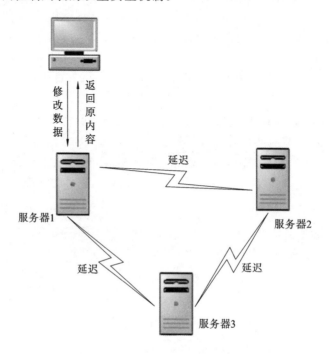

图 3-10　S3 数据一致性模型

3. 简单队列服务 SQS

SQS 主要解决低耦合度的系统相互之间的通信问题,对分布式系统的计算机间的工作流有很好的支持。SQS 主要包括三个基本部分:系统组件、队列和消息。SQS 的基本模型如图 3-11 所示。

4. 简单数据库服务 SimpleDB

SimpleDB 主要提供查找、删除等基本的数据库功能。与传统数据库不同的是,其主要针对的是复杂的结构化数据。SimpleDB 的基本模型如图 3-12 所示。

5. 弹性 MapReduce 服务

亚马逊通过其弹性计算云 EC2 和简单存储服务 S3 的协作,实现了弹性

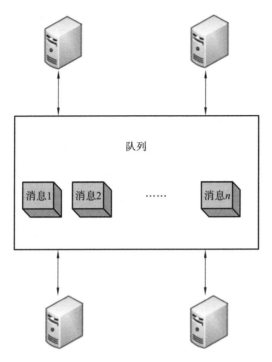

图 3-11 SQS 基本模型图

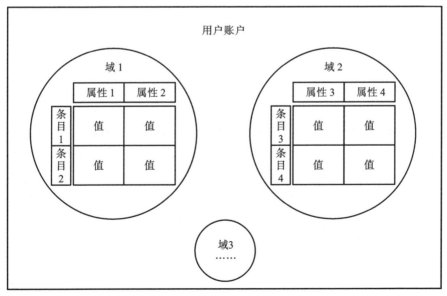

图 3-12 SimpleDB 基本模型图

MapReduce 服务,此服务非常适合需要进行海量存储的用户。用户可以不再将注意力放在服务器和软件部署等各种细节问题上,而是将主要精力集中在最终数据的处理上。弹性 MapReduce 服务架构如图 3-13 所示。

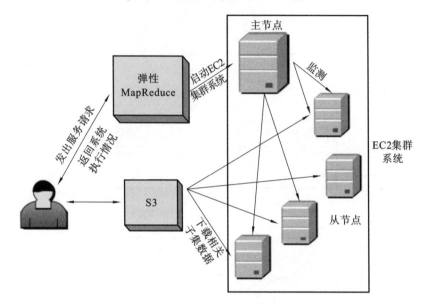

图 3-13 弹性 MapReduce 服务架构

用户对 MapReduce 的访问服务可以通过三种方式来完成,分别是管理控制台、命令行工具和应用程序编程接口(API)。

6. 内容推送服务 CloudFront

CloudFront 实际上是一个内容分发网络(content delivery network,CDN),不同于一般内容分发网络的是,它是基于亚马逊的 Dynamo 存储机制进行数据传输的。其利用亚马逊在世界各地都有部署的边缘节点进行数据传输访问,用户就可以对提供 CloudFront 服务的网站进行快速和高质量的访问。

7. 电子商务服务 DevPay

DevPay 主要针对开发者的软件销售,并且是一个账户管理平台。

8. 灵活支付服务 FPS

FPS 主要承担支付的职责,不同的是,FPS 可以使用户和电子商务平台更加契合,其允许用户根据实际的需要和当下的情况对支付服务进行各种个性化的设置。

3.3.3 微软

Windows Azure 是微软基于云计算的操作系统，和 Azure Services Platform一样，其是微软"软件和服务"技术的名称。Windows Azure 的主要目标是为开发者提供一个平台，帮助开发可运行在云服务器、数据中心、Web 和 PC 上的应用程序。云计算的开发者能通过 Azure 使用微软全球数据中心的存储、计算能力和网络基础服务。Azure 服务平台包括以下主要组件：Windows Azure；Microsoft SQL 数据库服务；Microsoft. NET 服务；用于分享、存储和同步文件的 Live 服务；针对商业的 Microsoft SharePoint 和 Microsoft Dynamics CRM 服务。

Azure 是一种灵活和支持互操作的平台，它可以被用来创建云中运行的应用或者通过基于云的特性来加强现有应用。它开放式的架构给开发者提供 Web 应用、互联设备的应用，也为个人电脑和服务器提供最优的在线复杂解决方案。Windows Azure 以云技术为核心，提供了软件＋服务的计算方法。它是 Azure 服务平台的基础。Azure 能够将处于云端的开发者个人能力同微软全球数据中心网络托管的服务（如存储、计算能力和网络基础服务）紧密结合起来。

除了 Azure 以外，微软还提供了分布式的基础架构服务和分布式数据库等云平台服务，具体介绍如下。

1. Windows Azure

Windows Azure 是一个云服务的操作系统，它提供了一个可扩展的开发环境、托管服务和服务管理环境，其中包括提供基于虚拟机的计算服务和基于 Blobs、Tables、Queues、Drives 等的存储服务。Windows Azure 为开发者提供了托管的、可扩展的、按需应用的计算和存储资源，还为开发者提供了云平台管理和动态分配资源的控制手段。Windows Azure 是一个开放的平台，支持微软和非微软的语言和环境。开发人员在构建 Windows Azure 应用程序和服务时，可以使用熟悉的 Microsoft Visual Studio、Eclipse 等开发工具。Windows Azure 还支持各种流行的标准与协议，如 SOAP、REST、XML、HTTPS 等。

Windows Azure 主要包括三个部分：一是运营应用的计算服务；二是数据存储服务；三是基于云平台进行管理和动态分配资源的控制器（fabric controller）。

（1）计算服务。

计算服务能够运行多种不同的应用，并支持高并发应用。Windows Azure 提供计算服务的方式是根据需要把计算任务同时分配到多台虚拟服务器上。Windows Azure 虚拟机运行 64 位的 Windows Server 2008，由Hyper-V产品在云中改造而来。开发者只要通过浏览器接入 Windows Azure 门户,用 Windows Live ID 进行注册、登录,就可以开始使用平台提供的服务。

Windows Azure 应用包括 Web Role Instance、Worker Role Instance 和 VM Role Instance,它们各自运行在不同类型的虚拟机中。Web Role Instance 可以接受来自 HTTP 或 HTTPS 的需求,运行在一个包括互联网信息服务(Internet information services,IIS)的虚拟机中,开发者能够运用 ASP.NET、WCF 或其他与 IIS 相兼容的.NET 技术创建 Web Role Instance。同时,开发者也可以运用其他非.NET 架构技术来创建、上传和运行应用,比如 PHP(hyper-text preprocessor,超文本预处理器)。此外,Windows Azure 提供负载均衡来实现基于 Web Role Instance 的相同应用的需求扩展。Worker Role Instance 与 Web Role Instance 不同,它不能直接接受来自外部网络的连接,但它能读取来自 Queue 存储的信息。Worker Role Instance 可被视为一个批处理任务,通过一个具体方法来实现。开发者可以同时使用 Web Role Instance 和 Worker Role Instance 或二者之一来创建一个 Windows Azure 应用。为了给用户提供更多的控制权限,同时降低把部分现有应用迁移到 Windows Azure 的难度,Windows Azure 还提供了一个 VM Role。VM Role 可以让用户自己直接控制和管理 VM 的环境,还可以充分利用 Windows Azure 平台的各种优势。

（2）数据存储服务。

Windows Azure Storage(WAS)不是一个关系型数据系统,并且它的查询语言也不是 SQL,它主要被用来支持建于 Windows Azure 上的应用,提供更简单、更容易扩展的存储服务。存储服务应用可以通过很多不同方式来运用数据。WAS 服务提供了多种选择,包括 Blobs、Tables、Queues 和 Drives。Windows Azure 存储数据最简单的方法是运用 Blobs。Blobs 非常便于存储二进制数据,比如 JPEG 图片或 MP3 文档等多媒体数据。Blobs 只适用于部分应用,它对数据缺乏结构化处理。为了让应用能够以更易获取的方式来使用数据,WAS 服务提供了 Tables。它与 Blobs 最大的不同之处是可扩展存储,通过多个虚拟机对分布式数据进行扩展和收缩,这比使用一个标准的关系型数据库更为有效。Blobs 和 Tables 都是用于存储和接入数据,而 Queues 则不同。Queues 的主要功能是提供一种 Web Role Instance 和 Worker Role Instance 沟通的方式。Drives 的主要作用是为 Windows Azure 应用程序提供一个 NTFS 文件卷,这样应用程序就可以通过 NTFS API 来访问存储的数据。提供这种 Drives 存储方式使得迁移已有应用程序到 Windows Azure 的过程更为平滑。无论数据以 Blobs、Tables、Queues 还是 Drives 方式存储,WAS 都会将所有数据复制三次,因此在任何一次复制中丢失数据都不会是致命的,任何一个应用都能够保证立即、准确读取原始数据信息。

（3）结构控制器。

结构控制器具有高可用性、分布式运行的特点。它覆盖所有 Windows Azure 节点，监听每个节点的状态。当用户想定义一个服务模型时，它能够找出正确的硬件、节点并提供正确的网络设置，监听硬件和应用程序的运行情况。因此，当系统崩溃时，应用程序可通过同一节点或者不同节点重新启动。

2. Windows Azure Platform App Fabric

Windows Azure Platform App Fabric 为本地应用和云中应用提供了分布式的基础架构服务。在云计算中存储数据与运行应用都重要，但是还需要一个基于云的基础架构服务。这个基础架构服务应该既可以被用户自有软件应用，又能被云服务应用，Windows Azure Platform App Fabric 就是这样一个基础架构服务。App Fabric 能够在用户自有应用云应用之间进行安全连接和信息传递。它使得在云应用和用户自有应用或服务之间的连接及跨语言、跨平台、跨不同标准协议的互操作更加容易，并且与云提供商或系统平台无关。App Fabric 目前主要提供互联网服务总线（service bus）和访问控制（access control）服务。

3. SQL Azure

SQL Azure 是一个云的关系型数据库。它可以在任何时间提供用户数据应用。SQL Azure 基于 SQL Server 技术构建，由微软基于云进行托管，提供的是可扩展、多租户、高可用性的数据库服务。SQL Azure Database 帮助简化多数据库的供应和部署，开发人员无须安装调试数据库软件，也不必为数据库打补丁或进行管理。SQL Azure 为用户提供了内置的高可用性和容错能力，且无须用户进行实际管理。SQL Azure Database 支持 TDS 和 Transact-SQL（T-SQL）。用户可以使用现有技术在 T-SQL 上进行开发，还可以使用与现有用户自有数据库软件相对应的关系型数据模型。SQL Azure Database 提供的是一个基于云的数据库管理系统，它能够整合现有工具集，并提供与用户自有软件对应的服务。

总的来说，微软的云服务具有以下特点：

（1）开发方式与传统的本地开发基本一致，开发者不需要学习太多新的技术即可以进行项目的开发，并且在 Visual Studio 中集成了一套本地的开发和测试环境。

（2）具有高可靠性，遇到错误实例会自动重启，避免了在使用过程中的人员维护和服务器故障的发生。

（3）能最大限度地保证数据的安全性与可靠性，避免数据的损坏或丢失。

3.4 开源分布式云计算开发框架

3.4.1 MapReduce

MapReduce 是一种编程模型,用于大规模数据集(大于 1TB)的并行运算。"Map(映射)"和"Reduce(归约)"是它们的主要思想,都借鉴了函数式编程语言和矢量编程语言的设计思想。它极大地方便了编程人员在不会分布式并行编程的情况下,将自己的程序运行在分布式系统上。当前的软件实现是指定一个 Map 函数,用来把一组键值对映射成一组新的键值对,然后通过指定的 Reduce 函数,用来保证所有映射的键值对中都共享相同的键组。

1. 概述

MapReduce 是面向大数据进行并行处理的计算平台、框架和模型与方法,它有以下三层含义:

(1) MapReduce 是一个基于集群的高性能并行计算平台(cluster infra-structure)。它允许用市场上普通的商用服务器构成一个包含数十、数百甚至数千个节点的分布和并行计算集群。

(2) MapReduce 是一个并行计算软件框架(software framework)。它提供了一个庞大且设计精良的并行计算软件框架,能自动完成计算任务的并行化处理,自动划分计算数据和计算任务,在集群节点上自动分配和执行任务并收集计算结果,将数据分布存储、数据通信、容错处理等并行计算涉及的很多系统底层的复杂细节交由系统负责处理,大大减轻了软件开发人员的负担。

(3) MapReduce 是一个并行程序设计模型与方法(programming model & methodology)。它借助函数式程序设计语言 LISP 的设计思想,提供了一种简便的并行程序设计方法,用 Map 和 Reduce 两个函数编程实现基本的并行计算任务,提供了抽象的操作和并行编程接口,以简单、方便地完成大规模数据的编程和计算处理。

2. 主要功能

(1) 数据划分和计算任务调度。系统自动将一个作业(job)待处理的大数据划分为很多个数据块,每个数据块对应于一个计算任务(task),并自动调度计算节点来处理相应的数据块。作业和任务调度功能主要负责分配和调度计算节点(Map 节点或 Reduce 节点),同时负责监控这些节点的执行状态,并负责 Map 节点执行的同步控制。

(2)数据/代码互定位。为了减少数据通信,数据处理时的一个基本原则是本地化数据处理,即一个计算节点尽可能处理其本地磁盘上所分布存储的数据,这实现了代码向数据的迁移;当无法进行这种本地化数据处理时,再寻找其他可用节点并将数据从网络上传送给该节点(数据向代码迁移),但将尽可能从数据所在的本地机架上寻找可用节点以减少通信延迟。

(3)系统优化。为了减少数据通信开销,中间结果数据进入 Reduce 节点前会进行一定的合并处理;一个 Reduce 节点所处理的数据可能来自多个 Map 节点,为了避免在 Reduce 计算阶段处理不相关数据,Map 节点输出的中间结果需使用一定的策略进行适当的划分处理,以保证具有相关性的数据发送到同一个 Reduce 节点。此外,系统还进行一些计算性能优化处理,如对最慢的计算任务采用多备份执行、选最快完成者作为结果。

(4)出错检测和恢复。以低端商用服务器构成的大规模 MapReduce 计算集群中,节点硬件(主机、磁盘、内存等)出错和软件出错是常态,因此需要 MapReduce能检测并隔离出错节点,并分配新的节点接管出错节点的计算任务。同时,系统还将维护数据存储的可靠性,用多备份冗余存储机制提高数据存储的可靠性,并能及时检测和恢复出错的数据。

3. 主要技术特征

(1)向"外"横向扩展,而非向"上"纵向扩展。

MapReduce 集群的构建选用价格便宜、易于扩展的低端商用服务器,而非价格昂贵、不易扩展的高端服务器。对于大规模数据处理,由于有大量数据存储需要,基于低端商用服务器的集群远比基于高端服务器的集群优越,这就是 MapReduce并行计算集群基于低端服务器实现的原因。

(2)节点软硬件常态性失效。

由于 MapReduce 集群使用了大量的低端商用服务器,因此节点失效和软件出错是常态。但是一个设计良好、具有高容错性的并行计算系统不能因为节点失效而影响计算服务的质量,任何节点失效都不应当导致结果的不一致或不确定;任何一个节点失效时,其他节点要能够无缝接管失效节点的计算任务;当失效节点恢复后应能自动加入集群,而不需要管理员人工进行系统配置。MapReduce 并行计算软件框架使用了多种有效的错误检测和恢复机制,如节点自动重启技术,使集群和计算框架具有应对节点失效的健壮性,能有效处理失效节点的检测和恢复。

（3）把处理向数据迁移。

传统高性能计算系统通常有很多处理器节点与一些外存储器节点相连,如用存储区域网络(storage area network,SAN)连接的磁盘阵列,因此,进行大规模数据处理时文件数据 I/O 访问会成为制约系统性能的一个瓶颈。为了减少大规模数据并行计算系统中的数据通信开销,应当考虑将处理向数据靠拢和迁移,而不是把数据传送到处理节点(数据向处理器或代码迁移)。MapReduce 采用了数据/代码互定位的技术方法,计算节点将首先尽量负责计算其本地存储的数据,以发挥数据本地化特点,仅当节点无法处理本地数据时,再采用就近原则寻找其他可用计算节点,并把数据传送到该可用计算节点。

（4）顺序处理数据,避免随机访问数据。

大规模数据处理的特点决定了大量的数据记录难以全部存放在内存中,而通常只能放在外存中进行处理。由于磁盘的顺序访问远比随机访问快得多,因此 MapReduce 主要设计为面向顺序式大规模数据的磁盘访问处理。为了实现面向大数据集的高吞吐量并行处理,MapReduce 可以利用集群中的大量数据存储节点同时访问数据,以此利用分布集群中大量节点上的磁盘集合提供高带宽的数据访问和传输。

（5）为应用开发者隐藏系统层细节。

程序员之所以认为编写程序困难,是因为他们需要记住太多的编程细节(从变量名到复杂算法的边界情况处理),这对于人的大脑来说是一个巨大的记忆和认知负担;而并行程序编写困难更多,如需要考虑多线程中诸如同步等复杂、烦琐的细节。由于并发执行中具有不可预测性,程序的调试查错也十分困难;而且,大规模数据处理时程序员需要考虑诸如数据分布存储管理、数据分发、数据通信和同步、计算结果收集等诸多细节问题。MapReduce 提供了一种抽象机制将程序员与系统层细节隔离开来,程序员仅需描述需要计算什么(What to compute),而具体怎么去计算(How to compute)就交由系统的执行框架去处理,这样程序员可从系统层细节中解放出来,而致力于应用本身的算法设计。

（6）平滑无缝的可扩展性。

这里的可扩展性主要包括两层含义:数据可扩展性和系统规模可扩展性。理想的软件算法应当能随着数据规模的扩大而表现出持续的有效性,性能上的下降程度应与数据规模扩大的倍数相当;在集群规模上,要求算法的计算性能应能随着节点数的增加而保持接近线性程度的增长。由于单机算法需要把中间结果数据存放在内存中,在大规模数据处理时无法提供足够的内存存储空间;从单机到基于大规模集群的并行计算需要从根本上设计完全不同的算法设计。MapReduce 在很多情形下能实现以上理想的扩展性。

3.4.2 Hadoop

1. 概述

Hadoop 是 Apache 软件基金会旗下的一个开源分布式计算平台。以 Hadoop 分布式文件系统(Hadoop distributed file system,HDFS)和 MapReduce (Google MapReduce 的开源实现)为核心的 Hadoop 为用户提供了系统底层细节透明的分布式基础架构。HDFS 的高容错性、高伸缩性等优点允许用户将 Hadoop 部署在价格便宜的普通硬件上,形成分布式系统;MapReduce 分布式编程模型允许用户在不了解分布式系统底层细节的情况下开发并行应用程序。所以,用户可以利用 Hadoop 轻松地组织计算机资源,从而搭建自己的分布式计算平台,并且可以充分利用集群的计算和存储能力,完成海量数据的处理。

Hadoop 中的 HDFS 具有高容错性,并且是基于 Java 语言开发的,这使得 Hadoop 可以部署在价格便宜、功能简单的计算机集群中,同时不限于某个操作系统。Hadoop 中 HDFS 的数据管理能力、MapReduce 处理任务时的高效率以及它的开源特性,使其在同类分布式系统中大放异彩,并被广泛应用。Hadoop 主要有以下几个优点:

(1) 高可靠性。Hadoop 按位存储和处理数据的能力值得人们信赖。

(2) 高扩展性。Hadoop 是在可用的计算机集簇间分配数据完成计算任务的,这些集簇可以方便地扩展到数以千计的节点中。

(3) 高效性。Hadoop 能够在节点之间动态地移动数据,以保证各个节点的动态平衡,因此其处理速度非常快。

(4) 高容错性。Hadoop 能够自动保存数据的多份副本,并且能够自动将失败的任务重新分配。

2. Hadoop 项目及其结构

现在 Hadoop 已经发展成为包含很多项目的集合。其核心内容是 Map-Reduce 和 Hadoop 分布式文件系统,与其相关的 Common、Avro、Chukwa、Hive、HBase 等项目也是不可或缺的。它们提供了互补性服务或在核心层上提供了更深层的服务。图 3-14 是 Hadoop 的项目结构图。

下面对 Hadoop 的各个关联项目进行详细的介绍。

(1) Common。

Common 是为 Hadoop 其他子项目提供支持的常用工具,它主要包括 File-System、RPC 和串行化库。它们为在便宜的普通硬件上搭建的云计算环境提供

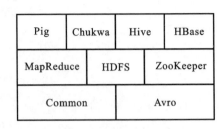

图 3-14　Hadoop 项目结构图

基本的服务,并且会为运行在该平台上的软件提供开发所需的 API。

(2) Avro。

Avro 是用于数据序列化的系统。它提供了丰富的数据结构类型、快速可压缩的二进制数据格式、存储持久性数据的文件集、远程调用 RPC 的功能和简单的动态语言集成功能。其中,一些数据交换服务所使用的代码生成器在 Avro 系统中既不需要读写文件数据,也不需要使用或实现 RPC 协议,它只是实现了对静态类型语言的自动化生产,是一个可选的组件。

Avro 系统依赖于模式(Schema),数据的读和写是在模式之下完成的。这样可以减少写入数据的开销,提高序列化的速度并缩减其所需的存储空间;同时,也可以方便动态脚本语言的使用,因为数据连同其模式都是自描述的。

在 RPC 中,Avro 系统的客户端和服务端通过握手协议进行模式的交换,因此当客户端和服务端拥有彼此全部的模式时,不同模式下相同命名字段、丢失字段、附加字段等信息的一致性问题就得到了很好的解决。

(3) MapReduce。

图 3-15 是 MapReduce 的任务处理流程图,它展示了 MapReduce 程序将输入划分到不同的 Map 上,再将 Map 的结果合并到 Reduce,最后进行处理的输出过程。

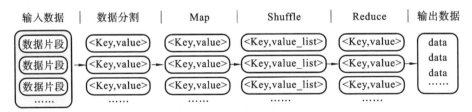

图 3-15　MapReduce 的任务处理流程图

(4) HDFS。

它可以通过提供高吞吐率(high throughput)来访问应用程序的数据,适合那些有着超大数据集的应用程序。HDFS 放宽了对可移植操作系统接口(portable operating system interface,POSIX)的要求,这样可以实现以流的形式访问文件系统中的数据。HDFS 原本是开源的 Apache 项目 Nutch 的基础结构,最后却成为 Hadoop 基础架构之一。

3. Hadoop 体系结构

HDFS 和 MapReduce 是 Hadoop 的两大核心。Hadoop 通过 HDFS 来实现分布式存储的底层支持,通过 MapReduce 来实现分布式并行任务处理的程序支持。

HDFS 采用了主从(Master/Slave)结构模型,一个 HDFS 集群是由一个 NameNode(名字节点)和若干个 DataNode(数据节点)组成的。其中,NameNode 作为主服务器,管理文件系统的命名空间和客户端对文件的访问操作;集群中的 DataNode 管理存储的数据。HDFS 允许以文件的形式存储数据。从内部来看,文件被分成若干个数据块,而且这若干个数据块存放在一组 DataNode 上。NameNode 执行文件系统的命名空间操作,比如打开、关闭、重命名文件或目录等,它也负责数据块到具体 DataNode 的映射。DataNode 负责处理文件系统客户端的文件读、写请求,并在 NameNode 的统一调度下进行数据块的创建、删除和复制工作。图 3-16 所示为 HDFS 的体系结构。

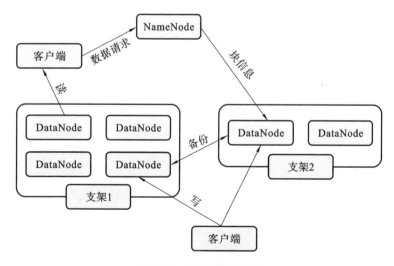

图 3-16　HDFS 体系结构

NameNode 和 DataNode 都可以在普通商用计算机上运行。这些计算机通常运行的是 GNU/Linux 操作系统。HDFS 采用 Java 语言开发,因此任何支持 Java 的机器都可以部署 NameNode 和 DataNode。一个典型的部署场景是集群中的一台机器运行一个 NameNode 实例,其他机器分别运行一个 DataNode 实例。当然,并不排除一台机器运行多个 DataNode 实例的情况。集群中单一 NameNode 的设计大大简化了系统的架构。NameNode 是所有 HDFS 元数据的管理者,用户需要保存的数据不会经过 NameNode,而是直接流向存储数据的 DataNode。

4. Hadoop 与分布式计算

我们通常所说的分布式系统其实是分布式软件系统,即支持分布式处理的软件系统。它是在通信网络互联的多处理机体系结构上执行任务的系统,包括分布式操作系统、分布式程序设计语言及其编译(解释)系统、分布式文件系统、分布式数据库系统等。Hadoop 是分布式软件系统中文件系统层的软件,实现分布式文件系统和部分分布式数据库系统的功能。Hadoop 中的分布式文件系统 HDFS 能够在计算机集群组成的云上对数据进行高效的存储和管理,Hadoop 中的并行编程框架 MapReduce 能够让用户编写的 Hadoop 并行应用程序运行得以简化,Hadoop 并行应用程序的开发是基于 MapReduce 编程模型的,MapReduce 计算模型非常适合在大量计算机组成的大规模集群上并行运行。

(1) 数据分布存储。

Hadoop 分布式文件系统(HDFS)由一个名字节点(NameNode)和多个数据节点(DataNode)组成,每个节点都是一台普通的计算机。在使用方式上 HDFS 与我们熟悉的单机文件系统非常类似,利用它可以创建目录,创建、复制、删除文件,并且可以查看文件内容等。但文件在 HDFS 底层被切割成了数据块(Block),这些 Block 分散存储在不同的 DataNode 上,每个 Block 还可以复制数份数据存储在不同的 DataNode 上,达到容错、容灾的目的。NameNode 则是整个 HDFS 的核心,它通过维护一些数据结构来记录每一个文件被切割成了多少个 Block,这些 Block 可以从哪些 DataNode 中获得,以及各个 DataNode 的状态等重要信息。

(2) 分布式并行计算。

Hadoop 中有一个作为主控的 JobTracker,用于调度和管理其他的 TaskTracker。JobTracker 可以运行于集群中的任意一台计算机上,负责执行任务,而且它必须运行于 DataNode 上,也就是说,DataNode 既是数据存储节点,也是计算节点。JobTracker 将 map 任务和 reduce 任务分发给空闲的 TaskTracker,让这些任务并行运行,并负责监控任务的运行情况。如果某一个 TaskTracker 出了故障,JobTracker 会将其负责的任务转交给另一个空闲的 TaskTracker 重新运行。

(3) 本地计算。

"本地计算"是一种最有效的节约网络带宽的手段,业界将此形容为"移动计算比移动数据更经济"。数据存储在哪一台计算机上,就由哪台计算机进行这部分数据的计算,这样可以减少数据在网络上的传输,降低对网络带宽的需求。在Hadoop这类基于集群的分布式并行系统中,计算节点可以很方便地扩充,因此它能够提供的计算能力近乎无限。

（4）任务粒度。

在把原始大数据集切割成小数据集时,通常让小数据集小于或等于 HDFS中一个 Block 的大小（默认是 64MB）,这样能够保证一个小数据集是位于一台计算机上的,便于本地计算。假设有 M 个小数据集待处理,就启动 M 个 map 任务,注意这 M 个 map 任务分布于 N 台计算机上,它们将并行运行,reduce 任务的个数 R 则可由用户指定。

（5）数据分割（partition）。

把 map 任务输出的中间结果按 key 的范围划分成 R 份（R 是预先定义的reduce 任务的个数）,划分时通常使用 Hash 函数[如 hash(key) mod R],这样可以保证某一段范围内的 key 值一定是由一个 reduce 任务来处理的,可以简化reduce 任务的过程。

（6）数据合并（combine）。

在数据分割之前,还可以先对中间结果进行数据合并,即将中间结果中有相同 key 值的<key, value>键值对合并成一对。数据合并的过程与 reduce 任务的过程类似,在很多情况下可以直接使用 Reduce 函数。数据合并是 map 任务的一部分,在执行完 Map 函数后紧接着执行数据合并。数据合并能够减少中间结果中<key, value>键值对的数目,从而减少网络流量。

（7）reduce。

map 任务的中间结果在执行完数据合并和数据分割之后,以文件形式存储于本地磁盘上。中间结果文件的位置会通知主控 JobTracker,JobTracker 再通知 reduce 任务到哪一个 TaskTracker 上去取中间结果。注意,所有的 map 任务产生的中间结果均按其 key 值通过同一个 Hash 函数划分成了 R 份,R 个reduce任务各自负责一段 key 值区间。每个 reduce 任务需要向许多个 map 任务节点取得落在其负责的 key 值区间内的中间结果,然后执行 Reduce 函数,形成一个最终的结果文件。

（8）任务管道。

有 R 个 reduce 任务,就会有 R 个最终结果。很多情况下这 R 个最终结果并不需要合并成一个最终结果,因为这 R 个最终结果还可以作为另一个计算任务的输入,开始另一个并行计算任务,这样就形成了任务管道。

5. Hadoop 数据管理

HDFS 是分布式计算的存储基石,其与其他分布式文件系统有很多类似的特性:对于整个集群有单一的命名空间;具有数据一致性,都适合一次写入多次读取的模型,客户端在文件被成功创建之前是无法看到文件存在的;文件会被分割成多个 Block,每个 Block 被分配存储到数据节点上,而且会根据配置由复制文件块来保证数据的安全性。

HDFS 通过三个重要的角色来进行文件系统的管理:NameNode、DataNode 和 Client。NameNode 可以看作分布式文件系统中的管理者,主要负责管理文件系统的命名空间、集群配置信息、存储块的复制等。NameNode 会将文件系统的 Metadata(元数据)存储在内存中,主要包括文件信息、每一个文件对应的 Block 的信息、每一个 Block 在 DataNode 中的信息等。DataNode 是文件存储的基本单元,它将 Block 存储在本地文件系统中,保存了所有 Block 的 Metadata,同时周期性地将所有存在的 Block 信息发送给 NameNode。Cilent 就是需要获取分布式文件系统文件的应用程序。接下来通过三个具体的操作来说明 HDFS 对数据的管理。

(1) 文件写入。

① Client 向 NameNode 发起文件写入的请求。

② NameNode 根据文件大小和数据块(Block)配置情况,向 Client 返还所管理的 DataNode 的信息。

③ Client 将文件划分为多个 Block,根据 DataNode 的地址信息,按顺序将其写入每一个 DataNode 块中。

(2) 文件读取。

① Client 向 NameNode 发起文件读取的请求。

② NameNode 返回文件存储的 DataNode 信息。

③ Client 读取文件信息。

(3) Block 复制。

① NameNode 发现部分文件的 Block 不符合最小复制数这一要求或部分 DataNode 失效。

② 通知 DataNode 相互复制 Block。

③ DataNode 开始直接相互复制。

3.4.3　Spark

Spark 是基于内存计算的大数据并行计算框架。Spark 基于内存计算,提高了在大数据环境下数据处理的实时性,同时保证了高容错性和高可伸缩性,允许用户将 Spark 部署在大量便宜的硬件之上,形成集群。

Spark 于 2009 年诞生于加利福尼亚大学伯克利分校 AMPLab,目前已经成为 Apache 软件基金会旗下的顶级开源项目。

1. Spark 的发展历程

2009 年:Spark 诞生于加利福尼亚大学伯克利分校 AMPLab。

2010 年:开源。

2013 年 6 月:被选为 Apache 孵化器项目。

2014 年 2 月:被选为 Apache 顶级项目。

2014 年 2 月:Cloudera 宣称加大对 Spark 框架的投入力度来取代 MapReduce。

2014 年 4 月:大数据公司 MapR 投入 Spark 阵营,Apache Mahout 放弃 MapReduce,将使用 Spark 作为计算引擎。

2014 年 5 月:Pivotal Hadoop 集成 Spark 全栈。

2014 年 5 月 30 日:Spark 1.0.0 发布。

2014 年 6 月:Spark 2014 峰会在旧金山召开。

2014 年 7 月:Hive on Spark 项目启动。

2016 年 7 月:Spark 2.0.0 发布。

2020 年 6 月:Spark 3.0.0 发布。

目前 AMPLab 和 Databricks 负责整个项目的开发、维护,很多知名 IT 公司如雅虎、英特尔等都参与到 Spark 的开发中,同时很多开源爱好者也积极参与 Spark 的更新与维护。

AMPLab 开发以 Spark 为核心的 BDAS 时提出的目标是"one stack to rule them all",也就是说,在一套软件栈内完成各种大数据分析任务。相对于 MapReduce 的批量计算、迭代型计算以及基于 Hive 的 SQL 查询,Spark 可以带来上百倍的性能提升。目前 Spark 的生态系统日趋完善,Spark SQL 的发布、Hive on Spark 项目的启动以及大量大数据公司对 Spark 全栈的支持,让 Spark 的数据分析范式更加丰富。

2. Spark 与 Hadoop MapReduce 相比的优势

Hadoop 体系中包含计算框架 MapReduce 和分布式文件系统 HDFS,还包括在其生态系统上的其他系统,如 HBase、Hive 等。Spark 作为一个计算框架,是 MapReduce 的替代方案,而且兼容 HDFS、Hive 等分布式存储层,可融入 Hadoop 的生态系统,以弥补 MapReduce 的不足。

与 Hadoop MapReduce 相比,Spark 的优势如下:

① 无须输出中间结果。

基于 MapReduce 的计算引擎通常会将中间结果输出到磁盘上进行存储和容错。出于任务管道承接的考虑,当一些查询涉及 MapReduce 任务时,往往会产生多个 Stage,而这些串联的 Stage 又依赖于底层文件系统(如 HDFS)来存储每一个 Stage 的输出结果。Spark 将执行模型抽象为通用的有向无环图(DAG)执行计划,这可以将多 Stage 的任务串联或者并行执行,而无须将 Stage 中间结果输出到 HDFS 中,类似的引擎还有 Dryad、Tez。

② 减少数据存储过程中产生的处理开销。

MapReduce Schema on Read 处理方式会引起较大的处理开销,而 Spark 能够对分布式内存存储结构进一步抽象化,基于弹性分布式数据集(RDD)进行数据的存储。RDD 能支持粗粒度写操作,且对于读取操作,RDD 可以精确到每条记录,因此 RDD 可以用来作为分布式索引。Spark 的特征是能够控制数据在不同节点上的分区,用户可以自定义分区策略,如 Hash 分区等。Shark 和 Spark SQL 在 Spark 的基础上实现了列存储和列存储压缩。

③ 提高 Shuffle 运行效率。

MapReduce 在数据 Shuffle 之前花费了大量的时间来排序,Spark 则可减少上述问题带来的处理开销。因为 Spark 任务在 Shuffle 中不是所有情景都需要排序,所以它支持基于 Hash 的分布式聚合,调度中采用更为通用的任务执行计划图(DAG),将每一轮次的输出结果缓存在内存中。

④ 加速任务调度过程。

传统的 MapReduce 系统,如 Hadoop,是为了运行长达数小时的批量作业而设计的,在某些极端情况下,提交一个任务的延迟非常高。Spark 采用了事件驱动的类库 Akka 来启动任务,通过线程池中线程的复用来避免进程或线程的启动和切换开销。

3. Spark 能带来什么

① 打造全栈多计算范式的高效数据流水线。

Spark 支持复杂查询,在简单的 map 及 reduce 操作之外,Spark 还支持 SQL 查询、流式计算、机器学习和图算法。同时,用户可以在同一个工作流中无缝搭配这些计算范式。

② 轻量级快速处理。

Spark 1.0 核心代码只有 4 万行,这是因为 Scala 语言的简洁和丰富的表达力,以及 Spark 充分利用和集成了 Hadoop 等其他第三方组件。同时,在面向大数据计算时,数据处理的速度是至关重要的,Spark 是通过将中间结果缓存在内存中以减少磁盘 I/O 来实现速度的提升的。

③ 易于使用。

Spark 支持多语言。Spark 支持通过 Scala、Java 及 Python 编写的程序,这允许开发者在自己熟悉的语言环境下进行工作。它自带了 80 多个算子,同时允许在 Shell 中进行交互式计算。用户可以利用 Spark 像书写单机程序一样书写分布式程序,轻松利用 Spark 搭建大数据内存计算平台并充分利用内存计算,实现海量数据的实时处理。

④ 与 HDFS 等存储层兼容。

Spark 除了可以运行在当下的 YARN 等集群管理系统之外,还可以读取已有的任何 Hadoop 数据,亦可以独立运行。这是个非常大的优势,它可以运行在任何 Hadoop 数据源上,如 Hive、HBase、HDFS 等。这个特性让用户可以轻易迁移已有的持久化层数据。

⑤ 社区活跃度高。

Spark 诞生于 2009 年,最初是加利福尼亚大学伯克利分校 AMPLab 的一个科研项目,该实验室于 2010 年首次公开 Spark 的源代码,将其当作一个开源项目进行维护,经过十多年的发展,目前 Spark 的版本已经迭代到了 Spark 3.2.1。开源系统的发展不应只看它的速度,更重要的是它能支持一个活跃的社区和强大的生态系统。

同时,我们也应该看到 Spark 并不是完美的,RDD 模型适合的是粗粒度的全局数据并行计算,不适合细粒度的、需要异步更新的计算。对于一些计算需求,如果要针对特定工作负载达到最优性能,还是需要使用一些其他的大数据系统。例如,图计算领域的 GraphLab 在特定计算负载性能上优于 Spark GraphX,流计算中的 Storm 在实时性要求很高的场合要比 Spark Streaming 更胜一筹。

Spark 发展势头迅猛,它已被广泛应用于雅虎、推特、阿里巴巴、百度、网易、英特尔等各大公司的生产环境中。

4. Spark 生态系统

目前,Spark 已经发展成包含众多子项目的大数据计算平台。加利福尼亚大学伯克利分校将 Spark 的整个生态系统称为伯克利数据分析栈(BDAS)。其核心框架是 Spark,同时 BDAS 涵盖支持结构化数据 SQL 查询与分析的查询引擎 Spark SQL 和 Shark,提供机器学习功能的系统 MLBase 及底层的分布式机器学习库 MLlib、并行图计算框架 GraphX、流计算框架 Spark Streaming、采样近似计算查询引擎 BlinkDB、内存分布式文件系统 Tachyon、资源管理框架 Mesos 等子项目。这些子项目在 Spark 上层提供了更高层、更丰富的计算范式。

图 3-17 为 BDAS 的项目结构图。

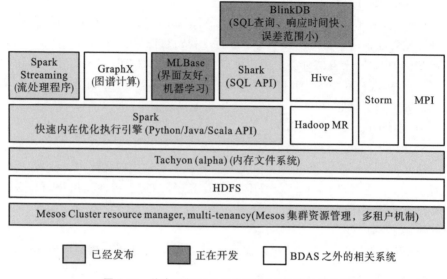

图 3-17　伯克利数据分析栈(BDAS)的项目结构图

下面对 BDAS 的结构进行更详细的介绍。

（1）Spark 是整个 BDAS 的核心组件，是一个大数据分布式编程框架，不仅实现了 MapReduce 的算子 Map 函数和 Reduce 函数及计算模型，还提供更为丰富的算子，如 filter、join、groupByKey 等。Spark 将分布式数据抽象为弹性分布式数据集（RDD），实现了应用任务调度、RPC、序列化和压缩，并为运行在其上的上层组件提供 API。其底层采用 Scala 这种函数式语言书写而成，并且所提供的 API 深度借鉴 Scala 函数式的编程思想，提供与 Scala 类似的编程接口。

图 3-18 为 Spark 的任务处理流程（主要对象为 RDD）。

Spark 将数据在分布式环境下分区，然后将作业转化为有向无环图（DAG），并分阶段进行 DAG 的调度和任务的分布式并行处理。

（2）Shark 是构建在 Spark 和 Hive 基础之上的数据仓库。目前，Shark 已经完成学术使命，终止开发，但其架构和原理仍具有借鉴意义。它提供了能够查询 Hive 中所存储数据的一套 SQL 接口，兼容现有的 Hive QL 语法。这样，熟悉 Hive QL 或者 SQL 的用户可以基于 Shark 进行快速的 Ad-Hoc、Reporting 等类型的 SQL 查询。Shark 底层复用 Hive 的解析器、优化器以及元数据存储和序列化接口。Shark 可将 Hive QL 编译转化为一组 Spark 任务，进行分布式运算。

（3）Spark SQL 提供在大数据上的 SQL 查询功能，类似 Shark 在整个生态系统的角色，它们可以统称为 SQL on Spark。Shark 的查询编译和优化器依赖

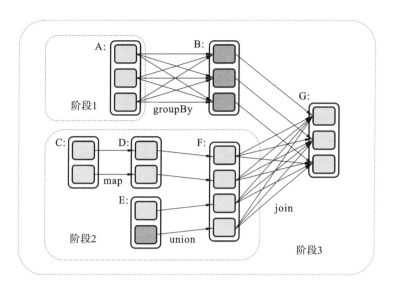

图 3-18 Spark 的任务处理流程图

Hive,给 Shark 的优化和维护带来了巨大的挑战,而 Spark SQL 使用 Catalyst 做查询解析和优化器,并在底层使用 Spark 作为执行引擎构建 SQL 的运行环境。用户可以在 Spark 上直接书写 SQL,相当于为 Spark 扩充了一套 SQL 算子,这无疑更加丰富了 Spark 的算子和功能。同时,Spark SQL 不断兼容不同的持久化存储(如 HDFS、Hive 等),为其发展奠定广阔的空间。

(4)Spark Streaming 通过将流数据按指定时间片段累积为 RDD,然后将每个 RDD 进行批处理,进而实现大规模的流数据处理。其吞吐量能够超越现有主流流处理框架 Storm,并提供丰富的 API 用于流数据计算。

(5)GraphX 是基于 BSP 的模型,其在 Spark 之上封装类似 Pregel 的接口,进行大规模同步全局的图计算。尤其当用户进行多轮迭代时,其基于 Spark 内存计算的优势尤为明显。

(6)Tachyon 是一个分布式内存文件系统,可以理解为内存中的 HDFS。为了提供更高的性能,不在 Java 堆内存(Heap)中存储数据。用户可以基于 Tachyon 实现 RDD 或者文件的跨应用共享,并提供高容错机制,保证数据的可靠性。

(7)Mesos 是一个资源管理框架,提供类似于 YARN 的功能。用户可以在其中插件式地运行 Spark、MapReduce、Tez 等计算框架的任务。Mesos 会对资源和任务进行隔离,并实现高效的资源任务调度。

(8)BlinkDB 是一个针对海量数据进行交互式 SQL 的近似查询引擎。它允许用户通过在查询准确性和查询响应时间之间做出权衡,完成近似查询。其数据的精度被控制在允许的误差范围内。为了达到这个目标,BlinkDB 的核心思想是,通过一个自适应优化框架,随着时间的推移,从原始数据建立并维护一组多维样本;通过一个动态样本选择策略,选择一个适当大小的示例,然后基于查询的准确性和响应时间满足用户查询需求。

5.Spark 架构与运行逻辑

从上文介绍可以看出,Spark 是整个 BDAS 的核心。生态系统中的各个组件通过 Spark 来实现对分布式并行任务处理的程序支持。

(1) Spark 架构。

Spark 架构采用了分布式计算中的 Master-Slave 模型。如图 3-19 所示,Master 对应集群中的含有 Master 进程的节点,Slave 是集群中含有 Worker 进程的节点。Master 作为整个集群的控制器,负责整个集群的正常运行;Worker 相当于计算节点,接收主节点命令并进行状态汇报;Executor 负责任务的执行;Client 作为用户的客户端负责提交应用;Driver 负责控制一个应用的执行。

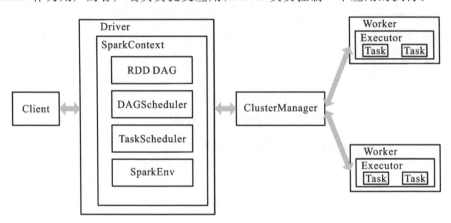

图 3-19 Spark 的框架图

Spark 集群部署后,需要在主节点和从节点分别启动 Master 进程和 Worker 进程,对整个集群进行控制。在一个 Spark 应用的执行过程中,Driver 和 Worker 是两个重要角色。Driver 程序是应用逻辑执行的起点,负责作业的调度,即 Task 任务的分发;而 Worker 用来管理计算节点和创建 Executor 并行处理任务。在执行阶段,Driver 会将 Task 和 Task 所依赖的 file 和 jar 序列化后传递给对应的 Worker 机器,同时 Executor 对相应数据分区的任务进行处理。

下面详细介绍 Spark 架构中的基本组件。

① ClusterManager:在 Standalone 模式中即为 Master(主节点),控制整个

集群,监控 Worker。在 YARN 模式中为资源管理器。

② Worker:从节点,负责控制计算节点,启动 Executor 或 Driver。在 YARN 模式中为 NodeManager,负责计算节点的控制。

③ Driver:运行 Application 的 main()函数并创建 SparkContext。

④ Executor:执行器,在 Worker Node 上执行任务的组件、用于启动线程池运行任务。每个 Application 拥有独立的一组 Executor。

⑤ SparkContext:整个应用的上下文,控制应用的生命周期。

⑥ RDD:Spark 的基本计算单元,一组 RDD 可形成执行的有向无环图 RDD Graph。

⑦ DAGScheduler:根据作业(Job)构建基于 Stage 的 DAG,并提交 Stage 给 TaskScheduler。

⑧ TaskScheduler:将任务(Task)分发给 Executor 执行。

⑨ SparkEnv:执行环境对象,存储运行时的重要组件的引用。SparkEnv 内创建并包含如下重要组件的引用。

a. MapOutPutTracker:负责 Shuffle 元信息的存储。

b. BroadcastManager:负责广播变量的控制与元信息的存储。

c. BlockManager:负责存储管理、创建和查找块。

d. MetricsSystem:监控运行时性能指标信息。

e. SparkConf:负责存储配置信息。

Spark 执行流程:Client 提交应用,Master 找到一个 Worker 启动 Driver, Driver 向 Master 或者资源管理器申请资源,之后将应用转化为 RDD Graph,再由 DAGScheduler 将 RDD Graph 转化为 Stage 的有向无环图提交给 Task-Scheduler ,由 TaskScheduler 提交任务给 Executor 执行。在任务执行的过程中,其他组件协同工作,确保整个应用顺利执行。

(2) Spark 代码架构。

图 3-20 展示了 Spark 1.0.0 的代码结构和代码量(不包含 Test 和 Sample 代码),正是这些代码模块构成了 Spark 架构中的各个组件。

下面对图 3-20 中的各模块进行简要介绍:

① scheduler:文件夹中含有负责整体的 Spark 应用、任务调度的代码。

② broadcast:含有 Broadcast(广播变量)的实现代码,基于 Java 和 Python 提供的 API 进行开发。

③ deploy:含有 Spark 部署与启动运行的代码。

④ common:不是一个文件夹,而是代表 Spark 通用的类和逻辑实现,有约 5000 行代码。

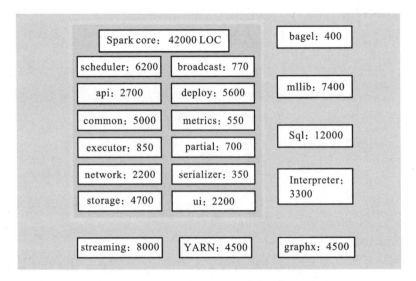

图 3-20 Spark 1.0.0 的代码结构和代码量

⑤ metrics：运行时状态监控的逻辑代码。

⑥ executor：含有 Worker 节点负责计算的逻辑代码。

⑦ partial：含有近似评估的代码。

⑧ network：含有集群通信模块的代码。

⑨ serializer：含有序列化模块的代码。

⑩ storage：含有存储模块的代码。

⑪ ui：含有监控界面的代码模块。其他的代码模块分别是对 Spark 生态系统中其他组件的实现。

⑫ streaming：Spark Streaming 的实现代码。

⑬ YARN：Spark on YARN 的部分实现代码。

⑭ graphx：含有 GraphX 的实现代码。

⑮ Interpreter：代表交互式 Shell 的代码量（3300）。

⑯ Sql：代表 Spark SQL 的代码量。

⑰ mllib：代表 MLlib 算法实现的代码量。

⑱ bagel：谷歌 Pregel 图处理框架。

（3）Spark 运行逻辑。

如图 3-21 所示，在 Spark 应用中，整个执行流程在逻辑上会形成有向无环图（DAG）。Action 算子触发之后，将所有累积的算子形成一个有向无环图，然后由调度器调度该图上的任务进行运算。Spark 的调度方式与 MapReduce 有所不同,根据 RDD 之间不同的依赖关系,Spark 将任务切分,并形成不同的阶段(Stage),一个阶段包含一系列函数执行流水线。图 3-21 中的 A、B、C、D、E、F 分别代表不同的 RDD,RDD 内的方框代表分区。数据从 HDFS 输入 Spark,形成 RDD A 和 RDD C,RDD C 执行 map 操作,转换为 RDD D,RDD B 和 RDD E 则执行 join 操作转换为 RDD F,而在此过程中又会执行 Shuffle 操作,最后 RDD F 通过函数 saveAsSequenceFile 输出并保存到 HDFS 中。

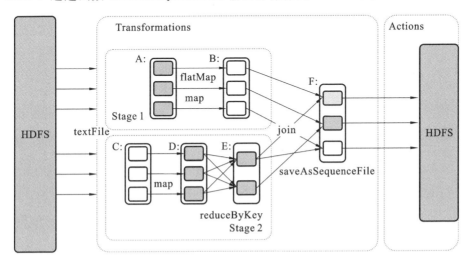

图 3-21 Spark 执行有向无环图

3.4.4 Mahout

云计算的核心是云平台下算法的开发,有了算法的支持才能发挥云计算的最大优势。Mahout 开源项目就是一个 Hadoop 云平台的算法库,已经实现了多种经典算法,且算法一直在扩充中,其目标就是创建一个可扩容的云平台算法库。

Mahout 是 Apache 软件基金会的开源项目之一。Apache Mahout 创建于 2008 年,当时它是 Apache Lucene 的子项目。在使用 Hadoop 云平台的基础上,Mahout 可以将其功能有效地扩展到 Hadoop 云平台中,提高其运算效率。2010 年 4 月,Apache Mahout 最终成为 Apache 的顶级项目。创建此项目的目的是建立一个可扩容的云平台算法库。目前,Mahout 已经实现了多种经典数据挖掘算法,算是比较完备的算法库了。Mahout 目前还在扩充中,由世界上对这个项目感兴趣的云平台算法高手们一起进行开发、测试,然后进行算法扩充。任何对这个项目感兴趣的个人或者组织都可以加入项目的社区中,为该项目作出贡献。

1. Mahout 算法库

Mahout 自从 2008 年被开发以来,发展迅速,从最开始的只有推荐系统到现在的包含多个算法模块,涵盖了很多行业。这些模块包括聚类算法、分类算法、协同过滤算法、关联规则算法等,每个模块都含有一个或者几个不同的实现算法,下面分别进行介绍。

(1) 聚类算法。

一个聚类即一类物体的集合,集合中的个体是相似的,不同聚类中的个体是不相似的。聚类的二维图如图 3-22 所示。

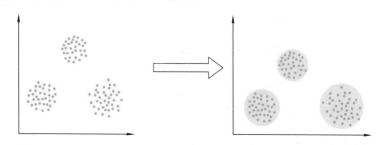

图 3-22 聚类二维图

针对图 3-22 左边的数据,我们可以很容易地把它们分为图 3-22 中右边阴影部分的 3 类,这里的分类依据是不同点之间的距离:对于两个或者多个数据点,当它们之间的距离达到一定程度的时候,我们把它们分为一个类,采用这种方式的聚类称作基于集合距离的聚类。

可以看到,聚类的目的就是把一组无标签的数据加上标签。那么,如何评价一个模型的好坏?如何评判一组无标签的数据基于一个模型被"完美地"贴上了标签呢?事实上,没有一个绝对的标准来衡量这些模型算法,所以,一般都是用户根据自己的需要评测一个模型。

Mahout 算法库中聚类模块包含的算法有 Canopy、K-Means、Fuzzy K-Means、Mean Shift、Spectral、MinHash、Top Down。下面对这些算法分别进行简要分析。

① Canopy 算法。

Canopy 算法是一种非常简单、计算快速的聚类方法。Canopy 算法经常用于其他聚类方法的初始步骤,比如 K-Means 算法等。

② K-Means 算法。

K-Means 算法是一种相对简单且广为人知的聚类算法,一般聚类问题都可以使用此聚类算法。在 Mahout 中,该算法在每次循环时都会新建一个任务,对于算法来说,增加了很多外部消耗。

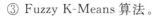

③ Fuzzy K-Means 算法。

Fuzzy K-Means 算法是 K-Means 的扩展,是一种比较简单且被广泛应用的聚类算法。相比于 K-Means 聚类算法用于发现严格的聚类中心(即一个数据点只属于一个聚类中心),Fuzzy K-Means 聚类算法用于发现松散的聚类中心(即一个数据点可能属于几个聚类中心)。

④ Mean Shift 算法。

Mean Shift 算法最开始应用于图像平滑、图像分割和跟踪。Mean Shift 算法比较吸引人的地方是该算法不需要提前知道要聚类的类别数,并且该算法形成的聚类形状是任意的且与要聚类的数据相关。

⑤ Spectral 算法。

Spectral 算法相对于 K-Means 算法来说更加有效和专业化,它是处理图像谱分类的一种有效的算法,主要针对的数据也是图像数据。

⑥ MinHash 算法。

MinHash 算法只负责将原始内容尽量均匀、随机地映射为一个签名值,原理上相当于伪随机数产生算法。对于传统 Hash 算法产生的两个签名,如果相等,说明原始内容在一定概率下是相等的;如果不相等,除了说明原始内容不相等外,不再提供任何信息,因为即使原始内容只相差一个字节,所产生的签名也很有可能差别极大。从这个意义上来说,要设计一个 Hash 算法,使相似的内容产生的签名也相近,是更为艰难的任务,因为它的签名值除了提供原始内容是否相等的信息外,还能提供不相等的原始内容差异程度的信息。

⑦ Top Down 算法。

Top Down 算法首先寻找比较大的聚类中心,然后对这些聚类中心进行细粒度分类。

(2) 分类算法。

分类是一种基于训练样本数据(这些数据都已经被贴上标签)区分另外的样本数据标签的过程,涉及另外的样本数据应该如何贴标签的问题。举一个简单的例子,现在有一批人的血型已经被确定,并且每个人都有 M 个指标来描述自己,那么这批人的 M 个指标数据就是训练样本数据,根据这些训练样本数据,建立分类器(即运用分类算法得到一些规则),然后使用分类器对测试样本集的未被贴标签的数据进行血型判断。分类算法和聚类算法的不同之处在于,分类是有指导的学习,而聚类是一种无指导的学习。有指导和无指导的区别其实是在训练的时候训练样本数据是否提前被贴上了标签。图 3-23 为分类算法的一般过程。

Mahout 算法库中分类模块包含的算法有 Logistic Regression、Bayesian、

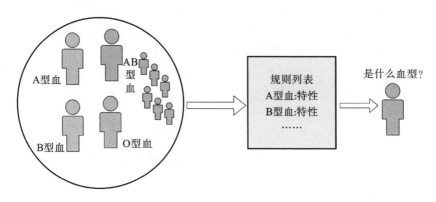

图 3-23   分类算法的一般过程

Support Vector Machine、Random Forests、Hidden Markov Models。

① Logistic Regression 算法。

Logistic Regression 是一种利用预测变量(预测变量可以是数值型,也可以是离散型)来预测事件出现概率的算法。其主要应用于生产欺诈检测、广告质量估计、定位产品预测等。在 Mahout 中主要使用随机梯度下降(stochastic gradient descent,SGD)思想来实现该算法。

② Bayesian 算法。

通常,事件 A 在事件 B 发生的条件下发生的概率,与事件 B 在事件 A 发生的条件下发生的概率是不一样的,但两者有确定的关系,贝叶斯理论(Bayesian Theory)就是这种关系的陈述。通过联系事件 A 与事件 B,计算在一个事件下产生另一个事件的概率,即从结果上溯源。在 Mahout 中,目前有两种已实现的贝叶斯分类器,其中一种是朴素贝叶斯算法,另外一种是互补型的朴素贝叶斯算法。

③ Support Vector Machine 算法。

Support Vector Machine(支持向量机)属于一般化线性分类器,也可以认为是提克洛夫规范化(Tikhonov regularization)方法的一个特例。这种分类器的特点是能够同时最小化经验误差与最大化集合边缘区,因此支持向量机也被称为最大边缘区分类器。

④ Random Forests(随机森林)算法。

Random Forests 是一个包含多个决策器的分类器,并且其输出的类别由个别树输出的类别的众数而定。这里的众数是指个别树输出类别重复最多的一个类别数值。随机森林算法是在决策树的基础上发展而来的,继承了决策树的优点,同时弱化了决策树的缺点。

⑤ Hidden Markov Models(隐马尔可夫模型)算法。

Hidden Markov Models 主要用在机器学习上,比如语音识别、手写识别、自然语音处理等。隐马尔可夫模型是一个包含两个随机变量 O 和 Y(O 和 Y 可以按照顺序改变它们自身的状态)的分析模型。其中,变量 Y 是隐含变量,包含 $\{y\_1, y\_2, \cdots, y\_n\}$ 个状态,其状态不能被直接检测出来。变量 Y 的状态按照一定的顺序改变,其状态改变的概率只与当前状态有关而不随时间改变。变量 O 称为可观察变量,包含 $\{o\_1, o\_2, \cdots, o\_n\}$ 个状态,其状态可以被直接检测出来。变量 O 的状态与当前变量 Y 的状态有关。

(3) 协同过滤算法。

协同过滤这一概念最早是由 Goldberg、Nicols、OKI 和 Terry 提出来的,应用于 Tapestry 系统,这个系统主要是解决 Xerox 公司在 Palo Alto 的研究中心资讯过载问题。现在协同过滤算法较多地用于电子商务,比如我们经常在淘宝或者亚马逊等购物网站上购买商品,当我们点击了一款商品后,网站会将相关的商品推荐给我们,而且这些商品往往也是我们想购买的,这样就为我们购物提供了方便。这些购物网站如何根据用户选择的商品来提供相关的商品给用户呢?而且,有些比较人性化的网站,在用户登录网站后,就会直接推荐用户可能想购买的商品,或者一些用户感兴趣的商品。那么,这些网站都是根据什么来做的呢?其实,这些都是通过协同过滤算法来实现的。

协同过滤算法也可以称为推荐算法,在 Mahout 算法库中,主要包括 Distributed Item-based Collaborative Filtering、Collaborative Filtering Using a Parallel Matrix Factorization。下面对这些算法进行简要介绍。

① Distributed Item-based Collaborative Filtering 算法。

Distributed Item-based Collaborative Filtering 是基于项目的协同过滤算法,其思想就是利用项目之间的相似度来为用户进行项目推荐。项目之间的相似度通过不同用户对该项目的评分求出,每个项目都有一个用户向量,两个项目之间的相似度便是根据这个用户向量求得的。求得项目之间的相似度,便可以针对用户对项目的评分清单来推荐与清单中极为相似的项目。

基于项目的协同过滤算法流程图如图 3-24 所示,根据图 3-24 可以得到以下基于项目的协同过滤算法原理。

a. 根据原始矩阵进行抽取,得到项目矩阵。所谓项目矩阵,就是把评价过某个项目的所有用户全部找出来,作为这个项目的项目向量,所有的项目都按照这种方式求出其对应的项目向量,共同组成项目矩阵。

b. 针对步骤 a 求出的项目矩阵,使用向量距离(如皮尔逊距离、余弦距离、对数似然距离等)计算公式,求得每两个项目向量之间的相似度,得到项目相似

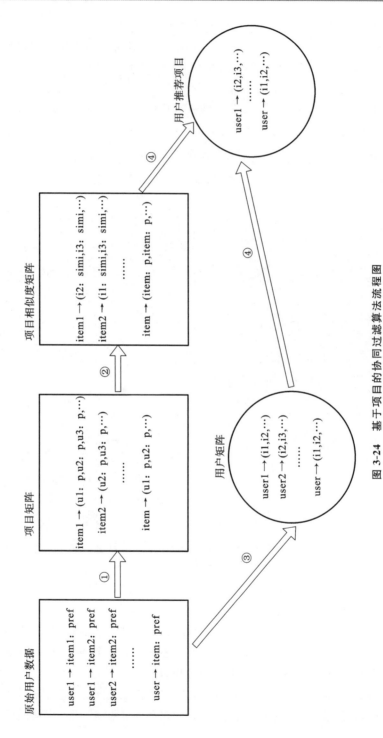

图 3-24　基于项目的协同过滤算法流程图

度矩阵。

c. 根据原始数据进行抽取,得到用户矩阵。具体而言,就是首先把某个用户评价过的所有项目进行整合,构建该用户的用户向量;当所有的用户都按照这种方式求出其对应的用户向量,便能共同组成用户矩阵。

d. 根据步骤 b、c 求出的项目相似度矩阵、用户矩阵,找出和某个用户评价过的商品最相似的 K 个项目,作为向用户推荐的项目矩阵。

② Collaborative Filtering Using a Parallel Matrix Factorization 算法。

Collaborative Filtering Using a Parallel Matrix Factorization 在 Mahout 的介绍中是以 Collaborative Filtering with ALS-WR 的名称出现的。该算法最核心的思想就是把所有的用户以及项目想象成一个二维表格,该表格中有数据的单元格 (i,j),便是第 i 个用户对第 j 个项目的评分,然后利用该算法使用表格中有数据的单元格来预测空的单元格。预测得到的数据即为用户对项目的评分,最后按照预测的项目评分从高到低排序,便可以进行推荐了。

(4) 关联规则算法。

关联规则(也称模式挖掘),其实就是从大量数据集中找出有价值的项目之间的关系。例如,可以从一张购书清单中发现用户的购书习惯,从而可以根据用户的购书习惯对其进行书籍推荐。和这个应用比较类似的案例应该是啤酒与尿布的故事。

在一家超市里,有一个有趣的现象:啤酒和尿布赫然摆在一起销售,但是这个奇怪的举措却使尿布和啤酒的销量双双增加了。这不是一个笑话,而是发生在美国沃尔玛连锁超市的真实案例,并一直被商家津津乐道。沃尔玛拥有世界上最强大的数据仓库系统,为了能够准确地了解顾客在其门店的购买习惯,沃尔玛对其顾客的购物行为进行购物篮分析,了解顾客经常一起购买的商品有哪些。沃尔玛数据仓库系统里集中了其各门店的详细原始交易数据,在这些原始交易数据的基础上,沃尔玛利用数据挖掘方法进行分析和挖掘。一个意外的发现是:跟尿布一起被购买得最多的商品竟然是啤酒!经过大量实际调查和分析,揭示了一个隐藏在"尿布与啤酒"背后的美国人的一种行为模式:在美国,一些年轻的父亲下班后经常要到超市去买婴儿尿布,而他们中有 30%～40% 的人同时也会为自己买一些啤酒。产生这一现象的原因是美国的太太们常叮嘱她们的丈夫下班后为孩子买尿布,而丈夫们在买尿布后又随手带回了他们喜欢的啤酒。沃尔玛超市根据自己现有的数据仓库,通过关联规则算法挖掘出啤酒和尿布是相关联的,然后把啤酒和尿布放在一起来销售。由此可见,关联规则算法在实际的生活中还是比较实用的。

从上面的分析来看,关联规则算法也可以用于推荐。基于项目的协同过滤算法就是首先分析不同的项目之间的相似度,然后找出与用户已经评价过的项目相似度比较高的几个项目对用户进行推荐。如果这里使用关联规则算法来分析,应该是差不多的。只是这里的"相似度"不是协同过滤算法中采用向量之间的计算公式得来的,而是使用关联规则算法得到的"关联规则"(或者称为"模式")。关联规则算法发展到现在,一共衍生出三个算法:Apriori 算法、Eclat 算法和 FP 树算法。

① Apriori 算法。

Apriori 算法是最有影响力的挖掘布尔关联规则频繁项集的算法,它的核心是基于两阶段频繁项集思想的递推算法。该算法主要思想:其一,简单统计所有含一个元素项目集出现的频数,并找出那些不小于最小支持度的项目集,即一维最大项目集;其二,循环处理直到再没有最大项目集生成。循环过程:在第 k 步中,根据第 $(k-1)$ 步生成的 $(k-1)$ 维最大项目集产生 k 维候选项目集,然后对数据库进行搜索,得到候选项目集的项集支持度,与最小支持度进行比较,从而找到 k 维最大项目集。但是该算法随着项目集的增加,计算需要的 I/O 开销会呈现几何级增加。

② Eclat 算法。

Eclat 算法加入了倒排的思想,通过转换后的倒排表可以加快频繁项集生成的速度。此算法的主要思想是由频繁 k 项集求交集,生成候选 $(k+1)$ 项集;对候选 $(k+1)$ 项集做裁剪,生成频繁 $(k+1)$ 项集,再求交集生成候选 $(k+2)$ 项集,如此迭代,直到项集归一。这种算法的数据处理方式很适合用关系型数据表示和实现。

③ FP 树算法。

FP 树算法是一种不产生候选模式而采用频繁模式增长的方法挖掘频繁模式的算法。此算法只需要扫描两次数据库:第一次扫描数据库得到一维频繁项集;第二次扫描数据库是利用一维频繁项集过滤数据库中的非频繁项集,同时生成 FP 树。由于 FP 树蕴含了所有的频繁项集,其后的频繁项集的挖掘只需要在 FP 树上进行。FP 树挖掘由两个阶段构成:第一阶段建立 FP 树,即将数据库中的事务构造成一棵 FP 树;第二阶段为挖掘 FP 树,即针对 FP 树挖掘频繁模式和关联规则。

在 Mahout 中实现关联规则的算法是 FP 树关联规则,在 Mahout 中则称为 Parallel Frequent Pattern Mining(下文中提到的 Parallel Frequent Pattern Mining 算法默认都是指 Mahout 中的 FP 树关联规则算法),即并行频繁项集挖掘算法。这个算法可以根据输入的参数来选择是否允许单机版或并行版。

2. Mahout 的应用

作为 Apache 软件基金会的顶级项目之一,Mahout 的应用也极其广泛,一般分为商业应用和学术应用。

在商业应用中,Adobe AMP 公司使用 Mahout 的聚类算法把用户区分为不同的圈子,通过精确定位营销来增加用户。亚马逊的个人推荐平台也是使用 Mahout 的算法库来进行推荐的。AOL(美国在线)使用 Mahout 来进行购物推荐。DataMine Lab 使用 Mahout 的推荐算法以及聚类算法来提高用户广告投放的精确度。iOffer 使用 Mahout 频繁项集挖掘算法和协同过滤算法为用户推荐项目。推特使用 Mahout 的 LDA(Latent Dirichlet Allocation,隐含狄利克雷分布)模型为用户推荐其感兴趣的东西。雅虎公司的邮件使用 Mahout 的关联规则算法决定接收的信息是不是垃圾邮件。

Mahout 也被广泛应用于学术领域。在纽约城市大学的"Machine Learning and Big Data"课程中,使用 Hadoop 和 MapReduce 来进行大数据分析的教学。在名古屋工业大学,Mahout被用来在一个研究项目中进行数据分析。

3.5 基于云计算架构的出版资源交互式推荐应用

互联网的飞速发展不断地改变着我们的生活方式,同时也带来了网络信息数据的剧增,使人们需要投入大量的时间和精力获取自己所需的资源。从 2010 年到 2016 年,数字出版行业在我国蓬勃发展,市场总产值也在逐年增多。电子书产品从最初的不到 100 万个品种,在 5 年内已增长了 3 倍左右,同时各种出版资源也都在快速增加。大众已经慢慢接受了数字阅读方式,2016 年,数字阅读率已经比纸质阅读率高 15.2%①。由于人们的阅读方式逐渐从纸质书籍转向数字内容产品,传统的阅读方式已经不能满足广大读者的需求。在这个科技日新月异的时代,传统出版行业面临着巨大的挑战,这也激励着传统出版行业向数字出版行业转型。

数字出版建立在计算机和通信等新兴技术的平台上,它将传统的出版内容和新兴的出版资源进行了有效的结合。本书中的出版资源是对出版行业所有电子资源的统称,一般包含视频、音频、图片、PDF 文档、TXT 文档等,它们

---

① 戴俊潭.传播逻辑与受众诉求:数字化阅读时代的出版创新[J].出版发行研究,2015,1(6):24-27.

的特点是种类繁多且特征不明显，因此无法采用一般的特征提取方法来获取资源的关键信息。规范化标签则是出版资源的一大特点，即通过资源创建者或者资源审核者给资源定义合适的标签，规范化标签可以很好地描述出版资源的特征。

出版资源的个性化推荐研究具有重要的理论意义和现实价值。在理论研究方面，如今信息处于高速增长阶段，用户每年产生的数据在现有的基础上还要翻倍，信息过载的现象越来越严重，并且硬件的发展速度已经跟不上信息增长的速度，如何在大量出版资源中选择适合读者的资源已成为亟须解决的问题。用户通过移动设备和媒体渠道，可以选择合适的资源进行浏览或分享，但与此同时，会产生用户黏性不高、信息的使用率较低的问题。社交化、数据化、个性化的互联网形式开始成为互联网数据公司的发展方向，与此同时，用户也急需有效的个性化推荐服务来满足自己的需求，所以推荐算法是我们需要不断研究的一个课题。

出版资源具有规范化的标签特征，利用云计算结构研发基于标签关联分析的出版资源交互式推荐系统，旨在为出版行业设计一个出版资源个性化推荐算法，实现面向大数据时代数字传播资源推荐的目标。

3.5.1　交互式推荐功能设计

基于应用背景，根据出版行业的特殊性设计了一个基于标签关联分析的交互式推荐系统，其最终的目的是为用户推荐资源列表。根据项目的需求，对系统进行主要模块设计，如图 3-25 所示。

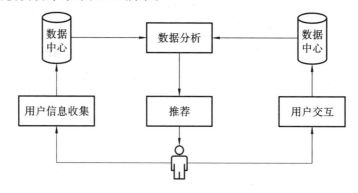

图 3-25　交互式推荐系统模块流程图

用户信息收集功能主要用来收集用户信息，是交互式推荐系统推荐的主要依据，它将收集用户的基本信息和有效的操作信息，通过反馈数据能准确地描述用户的兴趣特征。用户交互功能是用户对标签的交互操作,通过用户的交互可以快速地缩减资源备选集以提高推荐效率,同时构建用户目前的兴趣特征。数据分析模块是对用户的信息和交互信息进行数据的处理和加工,构建用户的兴趣特征,同时也对资源进行处理和加工。推荐功能则是交互式推荐系统的主要功能,其目的是为用户推荐资源列表,若用户没有交互,则直接基于标签的概率矩阵进行资源推荐;若用户交互,则先对资源备选集进行划分,然后重新排序,最后推荐资源列表给用户,达到快速响应用户的目的。

该系统的框架采用的是目前流行的分布式服务 Dubbo 框架,同时前后端分离,后端通过 REST 提供 API 接口。Dubbo 是由阿里巴巴公司开源的分布式服务框架,它可以方便地构建分布式服务。用户可以根据自己的实际业务应用场景,选择适合自己的集群模式,这给广大中小型互联网公司带来了福音。Dubbo 框架的服务提供方可以进行天然的集群服务,为目前需要快速响应和高并发的场景提供了很好的解决方法。该框架主要分为服务提供方、服务消费方和注册中心,它将服务进行了解耦,当一方的服务出现故障时不会引起其他服务的错误。图 3-26 给出了交互式推荐系统的整体架构图,本应用将实现在业务集群中进行代码编码。

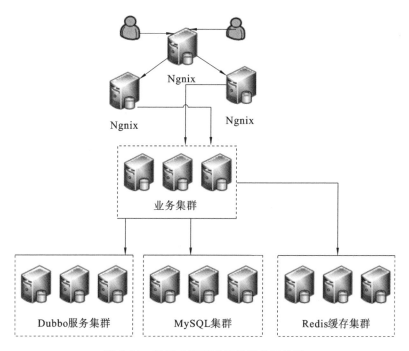

图 3-26　交互式推荐系统的整体架构图

　　系统中每个单独的模块都是一个独立的服务,通过对服务进行模块化拆分,可以有效地提高数据的处理速度。由于系统采用的是分布式架构,每个单独的模块可以采用集群模型,当某个机器宕机后能继续保证服务的高可用性。交互式推荐系统的用户信息和用户操作反馈信息存储在持久层中,持久层采用传统的 MySQL 数据库和非关系数据库 Redis,传统的 MySQL 数据库存储用户历史信息和日志信息,而缓存数据库 Redis 主要用于存放热点数据,可以加快数据的读取。同时交互式推荐系统通过用户交互可以快速地对用户感兴趣的资源进行划分和定位,可以通过新用户的交互快速地构建出用户的兴趣特征模型。一般系统的瓶颈往往集中在数据持久层,当用户和数据量过大时,采用集群模式可以有效地缓解系统压力,因此整个系统的数据持久层采用集群模式。模块间的通信则是通过 RPC 协议进行交互,通信速度快,这也是实时交互式推荐系统所必需的。

　　对系统的主要框架进行设计和选择后,将对系统的功能模块进行设计。图 3-27 是交互式推荐系统的详细功能框架,包含需求分析要求的四个主要模块。

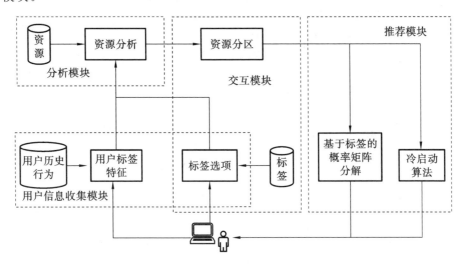

图 3-27　交互式推荐系统详细功能框架

（1）用户信息收集模块。

　　用户信息收集模块将收集用户的历史行为信息、用户交互式选择信息、用户基本信息等。用户的历史行为信息主要包括对资源的反馈,如阅读、收藏、评论、购买等。收集的用户信息将被存放于数据库持久层中,由统一的分析模块进行分析,构建出用户的兴趣特征向量。

（2）分析模块。

推荐系统采用规范化的标签,通过标签能描述资源的属性,推荐系统将资源通过一维的标签特征向量进行描述。用户在系统中浏览资源时会有不同的操作行为,分析模块根据用户的行为为用户贴上相应的资源标签,同时根据用户行为权重、标签标注的时间、用户的交互行为等构建用户的兴趣模型,最后由用户的兴趣特征寻找相似用户。

（3）交互模块。

推荐系统通过基于标签关联分析的交互式方法进行资源推荐,交互模块主要适用于用户的交互过程。用户如果对推荐的资源不满意,可以通过交互快速定位感兴趣的资源,从而提高推荐的质量。系统提供规范化标签引导用户进行选择,用户对标签的选择能反映用户目前的兴趣特征,分析用户的交互过程也能进一步完善用户的兴趣特征模型。

（4）推荐模块。

基于该推荐系统的算法研究,对于非新用户,采用基于标签的概率矩阵分解算法进行推荐,该推荐系统在传统的概率矩阵分解算法的基础上对其进行改进与优化:首先通过规范化的标签获取用户和资源的特征向量,然后寻找用户和资源的近邻关系,将用户和资源的近邻关系融入评分矩阵中进行概率矩阵分解,重构评分矩阵,最后为用户推荐感兴趣的资源。对于新用户,则通过决策树分类推荐然后进行交互。

3.5.2　交互式系统推荐流程设计

通过对相关推荐算法的分析,设计了交互式系统推荐流程,如图 3-28 所示。当用户进入系统后,系统会对用户进行区分,如果是新用户,采用冷启动算法、决策树分类算法计算用户的兴趣特征主题,推荐相关主题的资源列表。如果不是新用户,会进行数据处理,分析用户的标签特征、行为特征、时间权重,构建用户的兴趣特征向量,同时根据资源-标签矩阵构建资源的特征向量,然后计算用户和资源的相似度,接着采用本系统改进的基于标签的概率矩阵分解算法为用户推荐资源。用户的交互操作不区分新旧用户,都提供标签供用户交互,若用户对推荐的资源满意,则停止交互;否则,会继续交互,直到用户对推荐的资源满意为止。其中,用户信息和标签信息等非实时性的信息会放在线下进行分析处理,同时用户和资源的特征模型在线下进行计算,线上只进行标签交互选择和推荐过程,从而加快整个系统的推荐速度,满足用户快速获取知识服务的需求。

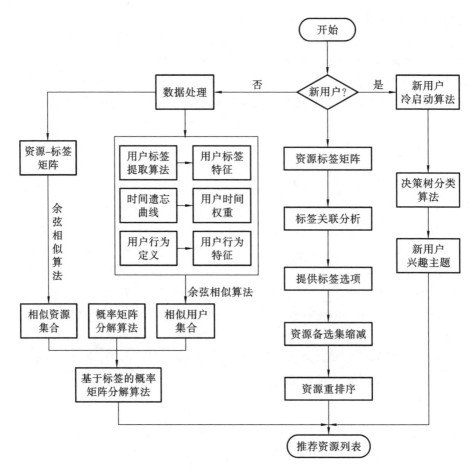

图 3-28 交互式系统推荐流程图

3.5.3 系统主要验证界面

基于应用背景设计了基于标签关联分析的出版资源交互式推荐方法,对算法进行研究证明其可行性,然后进行交互式系统的设计,其中包括系统框架的选择和详细功能的设计,并对整个推荐流程进行分析,最后对系统进行展示和检验。根据不同的需求将系统分为管理端和客户端:管理端用于管理人员分析和管理用户,客户端则为用户提供出版资源。

(1)用户信息分析验证。

现仅对管理端进行功能实现和验证,图 3-29 展示的是系统用户。其中管理端的主要功能是对用户的信息进行分析,了解用户的特征。

图 3-29　系统用户展示界面

系统的用户信息收集模块会收集用户的基本信息,并将所有的用户信息进行简要的信息展示,在读者查询界面可以发现读者关注的出版社,了解读者的类型,也是本算法构建的用户兴趣主题。如果要分析用户的详细信息,可以进入用户的详情分析页面,该页面会记录用户的操作行为,本系统对资源的隐式评分来源于用户的操作行为。现对用户"大白(lily)"进行分析,当需要获取用户的详细信息时,管理端的编辑或其他出版行业工作者只需进入用户详细信息页面,如图 3-30 所示,对用户的详细信息进行展示。

图 3-30 展示了用户"大白(lily)"2017 年 12 月 31 日到 2018 年 1 月 3 日的行为记录。如图 3-31 所示,分析模块通过分析用户的行为,得到用户的标签特征,然后基于标签的概率矩阵分解算法为用户推荐资源。

(2)用户交互推荐验证。

当用户在系统中进行浏览、购买、评论、收藏等操作后,系统的用户信息收集模块会收集用户的历史信息,然后分析模块在后台分析用户行为,并根据用户信息建模,进而为用户推荐其感兴趣的资源。如图 3-32 所示。

用户"大白(lily)"进入系统后首先进入书城页面,上方是交互式搜索栏,中间是系统的基本功能,展示书城现有资源,右边是系统为用户推荐的资源列表。通过推荐的资源列表,用户可以选择资源进行阅读、购买等操作。如果用户对推

图 3-30　用户详细信息展示页

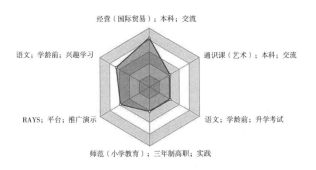

图 3-31　用户标签特征界面

图 3-32　客户端交互推荐界面

荐的资源不满意,用户可以使用交互式搜索栏进入交互页面。交互页面为用户展示的是交互标签和其他读者喜欢的资源,用户点击标签可以进行交互式操作,选择标签后系统对资源备选集进行划分与重新排序。用户每次使用该系统之后,系统将会根据用户的浏览习惯对推荐资源进行筛选,因此交互后推荐的效率会越来越高。

例如,用户"大白(lily)"对此次的推荐结果不满意,通过标签交互后,系统了解到用户此次想获取游戏类资源,于是推荐系统将缩减后的资源备选集中向用户推荐。如图 3-33 所示,展示的是用户"大白(lily)"交互后得到的推荐结果。

假设用户对《互动圈|加入游戏互动圈,看本书游戏的不同玩法》感兴趣,用户可点击进入详情页面,该页面有作品的详细介绍,用户可以在该页面进行购买操作,然后就可以阅读购买后的资源;若是免费作品,用户可以直接进行阅读。

图 3-33   客户端资源推荐界面

3.6   本 章 小 结

　　本章首先介绍了云计算的总体架构及云计算架构的关键技术,从硬件基础设计架构、软件系统平台架构和云计算体系架构三个方面对云计算的总体架构进行了阐述。然后对主流商业云平台进行介绍,包括谷歌云平台、亚马逊云平台和微软云平台,主要对各大云平台的特点及主要功能组件进行了详细的介绍。接着介绍了开源分布式云计算开发框架,包括分布式计算核心概念MapReduce、分布式计算框架Hadoop 和 Spark,以及分布式算法库 Mahout。最后基于分布式云计算架构介绍了出版资源交互式推荐应用。

4 虚拟化技术

随着数字传播新兴媒体的迅速崛起，各种传媒业态不断制造出传播热点，造成了服务器负载存在明显的峰值和低谷（有热点时负载较大，而平时则较小）。如果完全用实体服务器去保证峰值流量的稳定性和及时性，在负载小时则会造成资源的巨大浪费。而通过虚拟化技术构建的云计算平台则可以有效解决这一难题，峰值时增加算力去满足数字传播用户需求，低谷时则将算力释放以提高资源的利用率。本章主要介绍虚拟化技术，阐述云计算与虚拟化之间的关系，并对虚拟化技术从计算、存储以及网络等多个视角进行解读。

4.1 云计算与虚拟化

云计算是一种使用互联网和中央远程服务器的技术维护数据和应用数据的服务，允许用户在没有安装应用程序的情况下使用它。云计算也是一种信息技术的商业服务模式，而使其实现的关键技术则是虚拟化技术。

云计算的服务有三大类，包括基础设施即服务（IaaS）、平台即服务（PaaS）和软件即服务（SaaS）。

① 基础设施，即硬件设施，主要包括服务器系统、存储系统及网络系统。采用虚拟化技术，将几种服务器系统和存储系统建立为统一的基础设施云，并通过网络以 IaaS 的服务模式提供给用户使用。用户得到的资源是一个虚拟的系统而并非物理的系统，而在用户看来，该虚拟的系统和物理的系统并没有区别，完全可以当作一个物理的系统来使用。虚拟化管理系统，将多个物理系统的资源整合在一起，然后通过虚拟化的方式在其上建立所需的虚拟机以供用户使用。虚拟机可以实现资源的动态调整和迁移，以达到提高可用性和性能的目的。

② 平台服务，即应用运行平台，主要包括中间件和操作系统等。通过这类软件的虚拟化技术，构建统一的、公共的虚拟平台和相应的虚拟服务，并通过 PaaS 的方式提供给用户使用，用户就可以直接在其上部署应用，而无须构建自

己的平台,把所有的平台工作交给云端处理。在统一的硬件平台上部署各种常见的通用应用服务器和数据库系统,可使这些软件通过创建实例等模式来创建虚拟服务,各个虚拟服务之间彼此相对隔离,可以供不同的用户、不同的应用使用。

③ 软件服务,即将软件当成一种服务,变传统的买为租的方式,是目前云计算应用最为广泛的方式。其关键在于软件的相关存储和相关的业务均在云端,用户只需通过浏览器或客户端即可进行访问和操作。由于所有的计算都在云端,故云端的计算能力需要满足要求,而解决此类问题需要负载均衡。负载均衡也是一种虚拟化,但不同于传统的虚拟化,它是一种汇聚型的虚拟化过程。负载均衡虚拟化,将不同机器、不同数据中心提供的相同的服务进行汇聚,向用户提供统一的服务入口,用户不用知道后端的实体系统,即可通过入口获得最适合自己的服务实体。

从上文可以看出,云计算的技术实现是云计算真正落地的关键,而虚拟化技术使云计算技术得以实现,因此可以说,虚拟化技术是实现云计算的关键技术。

4.2　虚拟化技术概述

4.2.1　功能实现

虚拟化是一种技术,它可对 IT 基础设施进行简化,能降低消费者和资源之间的耦合度,并提高基础设施的利用率。

过去没有虚拟化技术时,程序员在考虑如何将一个应用程序部署在机器上时通常有两个问题:①通常无法保证自己是否能一直完全占用这台机器所提供的资源;②当别人开发的其他应用也想在同一台机器上运行时,往往会出现一些问题,比如资源冲突、更改部署不方便等。多个不同应用系统不易共用同一台操作系统实例。而虚拟化技术通过多个操作系统实例对应一个物理机,在提高效率的同时还可以使程序员继续使用从前开发和部署的应用程序。

4.2.2　优缺点

虚拟化技术的应用和发展,使得云计算的资源使用方式发生了关键性改变。

通过虚拟化的方式,可以在短时间内虚拟出一个独立的虚拟机供用户使用。虚拟化技术为资源的使用和调度带来巨大的方便,从而保证不会因为资源的缺乏而导致资源服务性能下降,同时保证不会因为资源的过度使用而导致资源的浪费,使得资源的利用率大大提高。通过虚拟化技术,云计算把计算、存储、应用和服务都变成了可以动态配置和扩展的资源,从而能够实现在逻辑上将单一的功能打包呈现给用户。

当然,虚拟化技术还存在着些许不足,主要集中在虚拟化的性能、虚拟化环境的部署、虚拟机的长距离迁移、虚拟化软件与存储等设备的兼容性、虚拟化环境的安全以及其他管理方面。这也是未来需要大力研究和攻克的突破点。

4.2.3 作用

虚拟化技术就是将一个物理单元虚拟成多个逻辑单元,供多个应用一起使用。虚拟化技术有以下几个重要作用:①提高硬件和软件的利用率;②解决硬件资源不足的问题;③方便系统架构的部署、迁移和容灾;④实现资源的整合,方便动态扩展;⑤实现资源的复用;⑥实现作用域的隔离;⑦实现集群的管理;等等。

4.2.4 分类

(1)在层次上,虚拟化技术包括基础设施虚拟化、平台虚拟化和软件虚拟化。

① 基础设施虚拟化,主要包括存储系统虚拟化和网络系统虚拟化。通过基础设施虚拟化,可以将有限的硬件资源,包括存储资源和网络资源,虚拟出多个基础平台,每个平台可以独立地为用户提供服务。

② 平台虚拟化,包括操作系统或者中间件的虚拟化。通过平台虚拟化技术,可以在一个软件系统平台上虚拟多个相近的平台,每个虚拟的平台单独对外提供服务,例如,中间件虚拟化、Web 服务器虚拟化等。

③ 软件虚拟化,即将一个软件的实体虚拟成多个副本实现共享,也就是说,将本应该独立使用的软件通过虚拟化供更多的用户使用。

(2)在实现的模式上,虚拟化包括"一到多"的放射型虚拟化和"多到一"的汇聚型虚拟化。

放射型虚拟化,顾名思义,即将一个单独的资源虚拟化成多个副本,以供不同的群体使用。上文中云计算的 IaaS 和 PaaS 中的虚拟化技术即放射型虚拟化。

汇聚型虚拟化,即将一个以上的资源群体虚拟化为一个统一的平台,通过这种方式,可以实现资源的整合。上文中的负载均衡即汇聚型虚拟化。

4.2.5　Docker 容器

为了比虚拟机模式更快、耗用更少资源来部署应用程序,就需要对资源进行比虚拟机模式更高级别的抽象,使得服务可以通过更细的粒度对资源进行分配和控制,"容器"的概念应运而生——对服务运行时的环境进行隔离,隔离的部分即容器。

Docker 是一个可以简化和标准化,并在不同环境中应用部署的容器平台。Docker 诞生于 2013 年,最初是 dotCloud 公司内部的一个项目。项目加入 Linux 基金会以后成为一个遵从 Apache2.0 协议的开源项目。Docker 自开源后受到广泛的关注和讨论,dotCloud 公司已经改名为 Docker Inc.。Red Hat 已经在其 RHEL 6.5 系统中集中支持 Docker,谷歌也在其 PaaS 产品中广泛使用了 Docker 技术。

Docker 的出现使得以容器为单位的云平台成为可能。相比传统系统虚拟化技术,Docker 可以让更多数量的应用程序在同一硬件上运行;可以让开发人员更容易快速构建可随时运行的容器化应用程序;可以大大简化管理和部署应用程序的工作。任何后端的服务程序都可以封装在 Docker 容器中进行销售、分发和部署,后端开发者能像移动应用开发者那样去做自己的产品。Docker 的分布式特点令其具有良好的发展前景。但是,传统的虚拟化技术并不会被容器技术取代。容器和虚拟机并非简单的取舍关系。举例来说,如果用户需要在多台服务器上运行多款应用程序,并且需要多种操作系统,那么最理想的方案就是使用虚拟机。如果需要运行同一应用程序的多套副本,那么容器则拥有更多成本优势。另外,尽管容器允许开发者将应用程序拆分成多个功能组件,但这种分散化趋势意味着用户需要管理更多功能部件,即产生更为复杂的控制与协调任务。安全也是 Docker 容器需要解决的一大难题。由于各容器共享同一套内核,因此不同容器之间的屏障相对薄弱。与只需要调用主机虚拟机管理程序的虚拟机方案不同,Docker 容器需要向主机内核发出系统调用,而这会带来更庞大的攻击面。尽管容器技术目前还不够完善,其生态链还不成熟,但已经有很多厂商开始使用。同时一批围绕 Docker 建立起来的初创企业已经形成,学习 Docker 风气正盛。可以预见,在不久的将来越来越多的企业会使用基于 Docker 提供的云服务,以容器为核心的云计算时代即将到来。

4.3 虚拟化架构

根据整个系统中虚拟化位置的不同,虚拟化架构分为以下四种:

(1)寄居虚拟化架构。

如图 4-1 所示,寄居虚拟化架构是指在宿主操作系统之上安装和运行虚拟化程序,依赖宿主操作系统对物理资源继续管理,类似于 VMware WorkStation 的程序。

(2)裸金属虚拟化架构。

如图 4-2 所示,裸金属虚拟化架构是指直接在硬件上安装虚拟化软件,再在其上安装操作系统和应用,依赖虚拟内核和服务器控制台对物理资源进行管理。

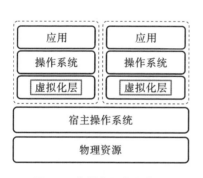

图 4-1 寄居虚拟化架构图

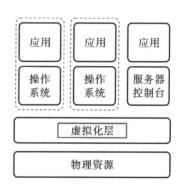

图 4-2 裸金属虚拟化架构图

(3)操作系统虚拟化架构。

如图 4-3 所示,操作系统虚拟化架构是在操作系统层面增加虚拟服务器功能。操作系统虚拟化架构把单个操作系统划分为多个容器,使用容器管理器来管理。宿主操作系统在多个虚拟服务器(容器)之间分配物理资源,并且让这些服务器彼此独立。

（4）混合虚拟化架构。

如图 4-4 所示,混合虚拟化架构是将一个内核级驱动器插入宿主操作系统内核。这个驱动器作为虚拟硬件管理来协调虚拟机和宿主操作系统之间的硬件访问。

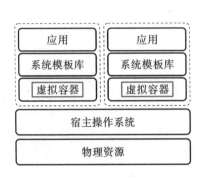

图 4-3　操作系统虚拟化架构图

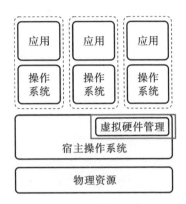

图 4-4　混合虚拟化架构图

4.4　计算虚拟化

计算虚拟化,就是将计算资源虚拟化。

数据的数量越来越多,计算量也随之剧增,普通机器已经满足不了现在的大数据计算。在这种计算资源缺乏的情况下,计算虚拟化技术应运而生,即对计算机的计算能力进行虚拟化,集中大量计算机的计算资源去处理一个大数据任务。

一般来说,目前的云平台会提供一个计算资源池,相当于一个缓冲池,集中存储各个计算机的计算资源,当有任务进入时,安排可以满足计算处理任务的计算资源给用户使用,结束计算后收回资源,以待下一个任务进入。本质上,在执行计算任务的时候,大量计算机协同工作,共同处理一个大数据任务;然而在用户看来,这只是在本机上执行了一次计算任务。

计算虚拟化技术的发展,在一定程度上解决了大数据计算的难题,理论上只要计算机节点的数量越多,可用于大数据计算的资源就越丰富。

4.5　内存虚拟化

4.5.1　内存虚拟化的产生

内存虚拟化的产生源于虚拟机监视器与客户系统在对物理内存的认识上存在着冲突。作为物理内存的真正拥有者,虚拟机监视器必须对客户系统访问的内存进行一定程度的虚拟化。

我们来看在非虚拟化环境中如何访问物理内存。首先处理器转发指令对内存的访问请求,然后将解码之后的请求放到总线上,最后由芯片组负责转发。为了唯一标识内存访问空间,处理器采用统一编址的方式将物理内存映射成一个地址空间,即物理地址空间。该空间满足如下两个条件:

(1)操作系统会假定内存地址从 0 开始;

(2)内存是连续的或者说在一些大的粒度(比如 256 MB)上连续。

在虚拟环境里,虚拟机监视器对物理内存进行模拟,使得这些虚拟出来的内存仍符合客户系统对内存的假定和认识,那么,内存虚拟化要解决哪些问题呢? 首先,物理内存要被多个客户系统同时使用,但真实的物理内存只有 1 个,地址为 0 也只有一个,无法同时满足多个客户系统从 0 开始编址的要求。其次,由于采用了内存分区方式,物理内存会在虚拟环境中分给多个客户系统使用,虽然每个系统的内存连续性可以解决,但缺乏一定的灵活性。因此,为了解决以上问题,虚拟机监视器引入了一层新的地址空间,即客户机物理地址空间。这样,客户系统便能看到一个属于自己的独立的虚拟物理地址,而虚拟机监视器则负责维护客户机物理地址到宿主机物理地址之间的映射关系,并截获虚拟机对客户机物理地址的访问,将其转化为相应的物理地址。

4.5.2　内存虚拟化技术

1. 内存全虚拟化技术

内存全虚拟化通过使用影子页表(shadow page table)实现虚拟化。

如图 4-5 所示,虚拟机监视器为每个客户系统都创建一个影子页表,影子页表维护虚拟地址(VA)到机器地址(MA)的映射关系。而客户机页表则创建 VA 到客户机物理地址(GPA)的映射关系。当虚拟机监视器捕获到客户机页表的修改后,它会查找负责 GPA 到 MA 映射的 P2M 页表或者 Hash 函数,找到与 GPA 对应的 MA,再将 MA 填充到真正在硬件上起作用的影子页表,从而形成 VA 到 MA 的映射关系。而客户机页表则无须变动。

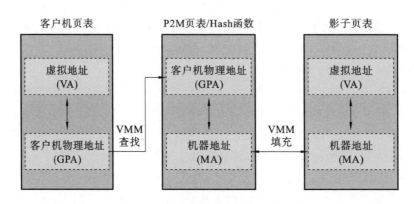

图 4-5　影子页表实现虚拟化流程图

2. 内存半虚拟化技术

内存半虚拟化通过使用页表写入法实现虚拟化。

客户系统在创建一个新的页表时,会向虚拟机监视器注册该页表。之后在客户系统运行的时候,虚拟机监视器将不断地管理和创建这个页表,使客户系统上面的程序能直接访问合适的地址。

3. 内存硬件辅助虚拟化技术

内存硬件辅助虚拟化通过扩展页表(extended page table,EPT)实现虚拟化。

如图 4-6 所示,使用硬件辅助虚拟化技术,在原有页表的基础上增加一个 EPT,用于记录 GPA 到 MA 的映射关系。虚拟机监视器预先把 EPT 设置到 CPU 中。当客户系统修改客户机页表时,则无须虚拟机监视器的干预。当地址转换时,CPU 会自动查找两张页表完成客户系统 VA 到 MA 的转换,从而减少整个内存虚拟化所需的开销。

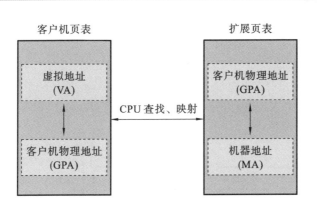

图 4-6　扩展页表实现虚拟化流程图

4.6　网络功能虚拟化

　　新型网络设备和新协议实际使用前,最为关键的一步是在真实网络环境下进行彻底的测试验证,这通常需要搭建接近真实的网络测试环境。然而,对于一些大型或超大型网络的基础设施而言,进行这样的测试会面临成本巨大、周期漫长、技术不成熟和不安全等各方面的困难。网络功能虚拟化则为解决上述诸多困难提供了可能。虚拟化技术将物理资源转换为逻辑或虚拟的资源,并使得运行在抽象层之上的用户应用或管理软件在不需要了解底层资源物理细节的情况下对这些资源进行管理和使用。

　　网络功能虚拟化(network functions virtualization,NFV)利用虚拟化技术将网络功能从专用硬件中分离出来形成虚拟网络功能,然后把虚拟网络功能映射到通用服务器、交换机或者存储器中,以有效地降低网络投资成本和运营成本,并提高网络服务部署的灵活性。总的来说,使用 NFV 技术提供网络服务与现存高度依赖硬件设备的网络服务方式相比具有以下优势:分离软件和硬件,实现软硬件独立发展;提供灵活的网络功能部署,提供服务更快速;具有动态可扩展性,实现流量细粒度控制和高效节能。

　　2012 年由包括中国移动在内的七大世界领先电信网络运营商发起,由欧洲电信标准化协会(European Telecommunications Standards Institute,ETSI)成立的 NFV 行业规范组(ISG)引领了 NFV 的标准化工作。NFV ISG 称 NFV 技术能为网络运营商和客户带来以下好处:①通过减少设备开支和降低能耗来降低运营商的投资成本和运营成本;②缩短新的网络技术的上市时间;③提升新网络服务的投资回报率;④增强网络可伸缩性;⑤提供开放的虚拟设备市场和网络市场;⑥提供在较低风险下实验和部署新服务的机会。ETSI NFV 体系结构包括三个关键部分:网络功能虚拟化基础设施(network functions virtualization infrastructure,NFVI)、虚拟网络功能及服务(VNFs and services)以及网络功能虚拟化管理和编排(NFV-MANO),如图 4-7所示。

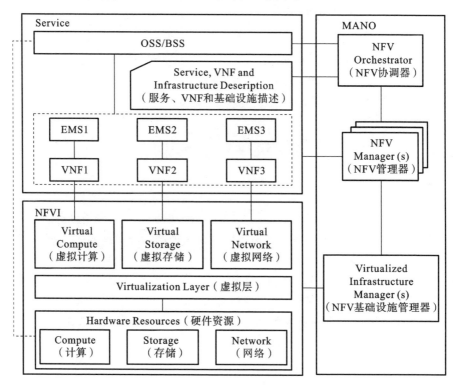

图 4-7 ETSI NFV 体系结构

4.6.1 网络功能虚拟化基础设施

网络功能虚拟化基础设施(NFVI)包括硬件和软件资源,构成了虚拟网络功能部署的支撑环境。硬件资源包括商用计算机硬件、存储器和网络(由节点和链路构成),分别为虚拟网络提供处理、存储和连接功能。而软件资源通过虚拟层实现对硬件资源的抽象,确保虚拟网络功能的生命周期独立于底层物理平台。虚拟化层通常使用虚拟机和虚拟管理平台(hypervisor)来实现,并且可以把该平台部署于数据中心、网络节点或者用户端。

4.6.2　虚拟网络功能及服务

NF(network functions,网络功能)是指网络实体实现的特定功能,而 VNF (virtual network functions)是网络功能在虚拟资源(如虚拟机)上的实现。VNF 通常由单元管理系统管理,负责虚拟网络功能的创建、配置、监视、性能维护、安全等工作。单个 VNF 可能由多个内部组件构成,因此这些内部构件可能分布在多个虚拟机上。服务是多个 VNF 的有序集合,可以通过一个或多个虚拟机来实现。但是从用户的角度看,这些服务性能和专用硬件设备所提供的一样。

VNF 可以修改经过它的网络数据流。例如,负载均衡器能分离进入的数据流,视频转码器能对视频进行编码形成更高或更低的数据率,防火墙可以过滤掉部分数据包。

4.6.3　网络功能虚拟化管理和协调

NFV-MANO 在 NFV 体系结构中扮演着十分重要的角色,是保证网络功能虚拟化基础设施资源和虚拟网络功能正确操作的关键。它由网络功能虚拟化协调器(NFV orchestrator)、虚拟网络功能管理器(VNF manager)和虚拟化基础设施管理器(virtualized infrastructure manager,VIM)组成。NFV orchestrator 负责网络服务和虚拟网络功能包的形成、网络服务生命周期管理、全局资源的管理、NFVI 请求的认证与授权等。VNF manager 负责虚拟网络功能实例的生命周期管理、NFVI 和单元管理系统之间的协调。VIM 负责 NFVI 计算资源、存储资源和网络资源的控制和管理。

4.6.4　网络功能虚拟化的可靠性

在网络功能引入虚拟化技术之后,如何保证其具备与传统物理设备相当的可靠性是人们关注的主要问题。而 NFV 的可靠性则是可以自底向上的,分别从硬件、虚拟云平台、虚拟网元三个层次实现。

(1)硬件可靠性。

硬件可靠性包括 NFV 所在的硬件节点的可靠性,也包括物理网络、存储的可靠性。通过多年的信息技术和通信技术的积累,硬件可靠性已经有了较为完备的部署方案,基本可以满足 NFV 的需求。

（2）虚拟云平台可靠性。

虚拟云平台的可靠性包括云管理平台的可靠性和虚拟管理平台的可靠性。

目前运用得最多并被普遍认可的云管理平台是 OpenStack。IT 领域认为虚拟资源需要成群地管理，而不需要对每一个都格外关注，当某一个资源出现故障时，我们只需要重启一个资源去填补这个空白即可。然而，在通信领域，由于其虚拟资源上运行电信网元，每一个故障都可能导致整个电信业务出现故障甚至瘫痪，所以对于通信领域而言，这些虚拟资源显得无比重要，即需要对每一个都格外关注，一旦某一个出现故障，就需要及时进行查找并恢复，以保障业务的正常运行。

关于虚拟管理平台的可靠性目前业内还没形成统一意见。虽然已有一些虚拟管理平台可靠性解决方案，但还没有一个被广泛接受的可靠性解决方案，目前主要依靠云管理节点发现故障并进行恢复。这就导致了虚拟管理平台的可靠性完全依赖云管理平台及其二者之间网络功能的可靠性。同时，云管理节点发现及恢复的接口尚未完善，因此在虚拟管理平台发现故障及修复方面还存在着问题。

（3）虚拟网元可靠性。

传统的电信网元一般都具有比较完善的可靠性保障体系。当引入虚拟化技术之后，由于引入了虚拟层，电信网元无法直接读取网元硬件上的信息，只能看到其依赖的虚拟层的信息。因此，引入虚拟层之后，电信网元的可靠性机制也要进行相应的修改和优化。目前，大部分的虚拟网元在交付的同时能提供可靠性方案。然而这些可靠性方案彼此间也存在着差异，且对硬件和云平台的要求不同。

NFV 作为运营商网络转型的核心技术架构，是虚拟化和云计算等 IT 技术在电信领域的一次大规模的应用，随着技术的成熟，在不久的将来将会看到 NFV 架构的电信网络，以 NFV 为出发点，在 IT 领域和通信领域走向深度融合。

4.7 桌面和应用虚拟化

4.7.1 桌面虚拟化

桌面虚拟化是指将计算机的桌面进行虚拟化，以满足桌面使用的安全性和灵活性。

"桌面虚拟化技术"在维基百科上的定义："desktop virtualization[或者称为 VDI(virtual desktop infrastructure)]是一种基于服务器的计算模型,VDI 概念最早是由虚拟机厂商 VMware 提出的,已经成为标准的技术术语。借用了传统的瘦客户端的模型,让管理员和用户能够同时获得两种方式的优点:将所有桌面虚拟机在数据中心进行托管并统一管理;同时用户能够获得完整 PC 的使用体验。"

简单来说,桌面虚拟化就是指我们可以通过任何设备,在任何地点、任何时间访问我们在网络上的邮件系统或者网盘,以及我们自己的个人桌面系统。

桌面虚拟化的发展历程如下。

(1) 第 0.5 代桌面虚拟化。

第 0.5 代桌面虚拟化主要包含远程桌面、远程桌面协议(remote desktop protocol,RDP)。用户可以从其他电脑上远程登录、访问和使用目标桌面。RDP 最早是微软用于 Windows Server 上的终端服务的访问协议,实现了 Windows Server 上的多用户模式,使得用户可以在不安装任何应用的条件下,远程使用服务器上的各种应用。总的来说,桌面虚拟化的前身是远程桌面。

(2) 第一代桌面虚拟化。

第一代桌面虚拟化从真正意义上将远程桌面的远程访问能力和虚拟操作系统结合在一起,使得桌面虚拟化的企业应用也成为可能。

服务器虚拟化技术的成熟,以及服务器计算能力的增强,使得服务器具备可以虚拟多台桌面操作系统的能力。当然,如果只是把台式机上运行的操作系统转变为服务器上运行的虚拟机,则用户无法访问,当然不会被用户接受。所以虚拟桌面的核心和关键,是让用户通过各种手段,在任何地点、任何时间,通过任何设备都可联网访问自己的桌面,即具备远程网络访问的能力。这就回到了和应用虚拟化的共同点,即远程访问协议的高效性。

目前,提供桌面虚拟化解决方案的主要厂商包括微软、VMware、Citrix,而使用的远程访问协议主要有两种:早期由 Citrix 开发,后来被微软购买并集成在 Windows 中的 RDP,其被微软和 VMware 的桌面虚拟化产品使用,而基于 VMware的 Sun Ray 等硬件产品,也都使用 RDP;第二种就是 Citrix 自己开发的目前独有的 ICA(independent computing architecture)协议,Citrix 将这种协议运用到虚拟化产品与桌面虚拟化产品中。

(3) 第二代桌面虚拟化。

第一代桌面虚拟化技术实现了远程操作和虚拟技术的结合,采购成本的降低使得虚拟桌面技术的普及成为可能,但是影响普及的原因并不仅仅是采购成本,管理成本和效率也非常重要。为了提高管理效率,第二代桌面虚拟化技术进一步将桌面系统的运行环境与安装环境拆分、应用与桌面配置文件拆分,从而大大降低了管理复杂度与成本,提高了管理效率。

目前我们应用的桌面虚拟化技术大多属于第二代。运用桌面虚拟化技术,使得我们的访问和使用更加灵活;同时使用的终端设备更广泛,任何设备都可以;用户的所有数据都存放在数据中心,由统一的运维人员管理,数据更加安全,管理更加方便;桌面虚拟化技术具有典型的规模效应,也就是说,当使用的用户越来越多的时候,它的优势就越明显。

4.7.2 应用虚拟化

应用虚拟化是在操作系统和应用程序中创建虚拟环境。也就是将应用程序的人机交互逻辑和计算逻辑分开,在用户访问一个服务器虚拟化后的应用时,用户计算机只需要把人机交互逻辑传送到服务器端,服务器端为用户开设独立的会话空间,应用程序的计算逻辑在这个会话空间中运行,把变化后的人机交互逻辑传送给客户端,并且在客户端将相应设备展示出来,从而使用户获得与访问本地应用程序一样的感受。

应用虚拟化技术的发展,使企业应用的需求得以满足,企业可以不再只是单独地实现某一个解决方案,而是利用应用虚拟化技术实现一种组合式的解决方案。特别是针对企业的信息化建设,不再是单独一个技术就能够解决的,而是需要多种技术相互组合,单纯的远程接入技术已经不能满足需求,需要应用虚拟化技术的支持。

应用虚拟化技术的优势如下:可以减少虚拟化资源占用率;在任何地点、任何终端都可以应用;软件的更新更加敏捷;可以交付给任何的 Windows 应用;可充分利用计算资源。相比桌面虚拟化,应用虚拟化因资源利用率更高而更受重视。

当然,目前应用虚拟化技术还存在一些问题,如不同厂商的虚拟化管理难以兼容;管理端和用户端不够兼容;管理端管理复杂;等等。所以在往后的研究中,应以解决这些问题为重心。

4.8　CloudStack 开源虚拟化平台

CloudStack 项目于 2008 年诞生在一个名叫 VMOps 的公司。该公司最终将其更名为 Cloud.com,并于 2011 年 7 月被 Citrix 收购,Citrix 在 2012 年初发布了 CloudStack3.0。2012 年 4 月,Citrix 根据 Apache Software License 2.0 重新授权 CloudStack 并向 Apache Incubator 提交了 CloudStack,其于 4 月 16 日被纳入孵化器。在获得基础设施和社区交流后,CloudStack 于 2012 年 11 月 6 日从 Apache Incubator 中发布了第一个主要版本 4.0.0-Incubator 版本,第一个小版本 4.0.1-Incubator 于 2013 年 2 月 12 日发布。CloudStack 于 2013 年 3 月 20 日正式从 Apache 孵化器中毕业,并于 2013 年 3 月 25 日正式发布。

　　CloudStack 是一个开源的具有高可用性及扩展性的云计算 IaaS 管理平台,目前 CloudStack 支持大部分主流的虚拟管理平台,如 KVM、XenServer、VMware、Oracle VM、Xen 等。同时,CloudStack 是一个开源的云计算解决方案,可以加速高伸缩性的公用云和私有云的部署、管理和配置。

　　CloudStack 具有比较全面的功能,下面列举部分功能:

　　(1) 丰富的用户管理界面。CloudStack 提供了一个在 CloudStack API 支持下,功能丰富的用户界面,用于管理云基础架构,它是一个完全基于 AJAX 的解决方案,与大多数最新的互联网浏览器兼容,并且可以轻松地与现有的门户网站集成。

　　(2) 强大的 API。CloudStack API 具有良好的文档记录功能和可扩展性,CloudStack 还支持 Amazon EC2 和 S3 所提供的 API,可以轻松地开发、集成和使用相关的应用程序。

　　(3) 多角色支持。CloudStack 支持用户界面和 API 访问的三种不同的账户:①管理员,可以同时管理云的虚拟资源和物理资源;②域管理员,只能管理其域内账户拥有的虚拟资源;③用户,可以管理自己的虚拟资源。

　　(4) 动态工作负载管理。完全自动化地在物理基础架构上分配计算、网络和存储资源,同时遵守有关负载均衡、数据安全和合规性的定义策略。

　　(5) 云中的多协议标签交换(multi-protocol label switching,MPLS)支持。CloudStack 允许客户将整个 VLAN 专用于特定账户,以实现网络节点之间的 MPLS 支持。

　　(6) 资源超配和限制。通过现有的管理程序、存储和网络技术,用户可以允许配置超过限定配置的物理资源,以优化虚拟机的分配。CloudStack 还赋予管理员限制虚拟资源的能力,例如,限制一个账户可以创建的虚拟机的数量、一个账户可以拥有的共有 IP 地址的数量等。

　　(7) 多存储解决方案。CloudStack 支持许多 Internet 小型计算机系统接口(iSCSI)和 NFS 的存储解决方案,任何能够同时安装多个节点的存储解决方案都可以在 CloudStack 里工作。Ceph RBD 也支持与 KVM 管理结合使用。这使得用户在决定使用商用硬件的存储服务器与集成企业级解决方案(如戴尔

EqualLogic 或 NetApp)时拥有最大的自由度。

(8) 灵活的适配器架构。CloudStack 从构建之初,便支持与各种虚拟机管理程序、存储、网络和身份验证解决方案的集成。由于具备这种灵活性,构建的一个适配器架构可以轻松地让客户进一步自定义云以满足需求。

CloudStack 有很多主动或者被动的运行方式。主动的情况包括很多种,例如做动态迁移时,需要对主机进行人为维护,在可预知的前提下发生了诸如硬盘损坏或增加内容等事件,这种情况属于主动行为的范畴。被动的情况是不可预知的,大多数都是这种情况:CloudStack 提供了 HA(High Available,高可用)机制,只要在虚拟机启动之前,把 HA 钩选上,当该主机坏掉或是这个虚拟服务器有问题时,可以自动尝试重新启动。

另外,CloudStack 支持两种资源域。第一种是基于网络,即 CloudStack 的基本资源域,该网络结构直接为网络中的每个虚拟机实例分配一个 IP 地址。例如,两个不同用户或者两个不同账户下面的虚拟机,自己分配自己的 IP 地址,通过网络里的三层交换进行互联互通,或者设置一些规则。第二种是在高级资源域内,这里对于每个账户都有一个属于自己的单独虚拟路由器,负责很多的网络功能,二层隔离,也就是基于 VLAN 进行隔离。对于两个不同的用户,其虚拟机和 IP 地址都可以重复。

OpenStack 和 CloudStack 作为两大云平台,其服务层次都在 IaaS 层次,相对而言,CloudStack 的版本稳定,不存在兼容问题,进入开源云平台领域更早,并且拥有许多商用成功案例。

4.9　本　章　小　结

本章介绍了云计算中最为关键的技术——虚拟化技术,并从其架构、计算虚拟化、内存虚拟化、网络虚拟化以及桌面和应用虚拟化等方面进行了比较详细的阐述。值得注意的是,云计算是一种服务,而虚拟化是一种技术,云计算这种服务的正常运行是建立在虚拟化技术之上的。最后,本章介绍了开源云平台CloudStack 及其部分功能。

5 云计算数据中心与资源管理

随着数字传播全面上云,开展云计算数据中心的搭建和适配工作已经迫在眉睫。数据中心实际上是云计算的基础设施,其中服务器资源分配、带宽分配、业务支撑能力、流量防护和清洗能力等都是由数据中心的规模及带宽的容量决定的。因此,数据中心可以说是云计算的根,为云计算发展提供了坚实的基础。云计算资源管理技术则是云计算数据中心所有核心业务应用的支撑。云计算通过资源管理系统管理超大规模计算集群,动态在线满足各种计算任务的资源需求,同时解决资源争抢和资源利用率的多重问题。本章介绍云计算资源管理,对资源管理目标和关键技术进行解读,并给出了云计算资源调度的相关策略。

5.1 云计算数据中心

数据中心起源于 20 世纪 60 年代,维基百科对其的定义:"数据中心是一整套复杂的设施。它不仅包括计算机、系统和其他与之配套的设备(例如通信和存储系统),还包含冗余的数据通信连接、环境控制设备、监控设备以及各种安全装置。"目前,数据中心在各行各业都发挥着至关重要的作用,承载着企业的关键业务,为用户提供及时可靠的视频传输、数据发掘、高性能计算等服务,如谷歌数据中心为全球网民提供信息搜索、视频会议等服务。随着云计算的发展,IT 资源的应用和共享方式发生了巨大的变化。云计算是网格计算、并行计算、分布式计算、虚拟化、负载均衡等传统计算机和网络技术发展融合的产物。它是一种全新的计算方式和资源使用方式,普通用户可以十分方便地接入强大的 IT 资源并按需部署自己的服务,多种全新的业务模式也得以实现。另外,IT 资源和服务能够从底层基础设施中抽象出来,这极大增强了资源的共享性和灵活性。

数据中心是云计算的实现平台,云计算时代的数据中心已经从原本的数据存储节点转变为面向服务和应用的 IT 核心节点。随着各种数据密集型业务的出现,数据中心已经成为唯一能够支持大规模云计算应用的服务平台,典型的有

Microsoft Azure、Amazon EC2、Google Search 等。同时，为了给云计算提供"无限可能"的资源池，数据中心必须包含更多存储资源、计算资源以及通信带宽。

5.1.1 数据中心概述

1. 数据中心的演变

随着科学技术的不断进步，数据中心也在不断地演变。从功能角度来看，可以将数据中心的演变分为四个阶段。

① 数据存储阶段。在这一阶段，数据中心具有数据存储和管理的功能。因此，数据中心的主要特征仅仅是有助于数据的集中存放和管理，以及单向存储和应用。由于这一阶段的数据中心功能较为单一，因此其整体可用性也较低。

② 数据处理阶段。在这一阶段，由于广域网、局域网技术不断普及并得到广泛应用，数据中心具有核心计算的功能。这一阶段，数据中心开始关注计算效率和运营效率，并且安排了专业工作人员维护数据中心。然而，这一阶段的数据中心整体可用性仍然较低。

③ 数据应用阶段。在这一阶段，需求的变化和满足成为其主要特征。随着互联网的广泛普及，数据中心具有核心计算和核心业务运营支撑功能。因此，这一阶段的数据中心又称为"信息中心"，人们对数据中心的可用性也有了较高的要求。

④ 数据运营服务阶段。在这一阶段，数据中心具有组织的核心运营支撑、信息资源服务、核心计算，以及数据存储和备份功能等。业务运营对数据中心的要求将不仅仅是提供支持，而是提供持续可靠的服务。因此，这一阶段的数据中心必须具有高可用性。

2. 数据中心的等级

国际正常运行时间协会（Uptime Institute，UI）将数据中心分为以下四个等级：

① 基础级。

这一级的数据中心有电力配送和制冷设备，也许还配备有发电机。然而，数据中心内设备属于单模块系统，因此具有多处单点故障。为了预防这些故障，需要手动关闭数据中心内的设施。一般来说，平均每年关闭一次；在特殊情况下，可能关闭得更频繁。此外，这一级数据中心的可用性只有 99.671%，自然故障以及对各个部件的错误操作都会导致整个数据中心运行中断。

② 冗余部件级。

这一级的数据中心包含一部分冗余部件,因此运行中断的可能性低于基础级数据中心,可用性为 99.741%。配备的发电机为单回路设计,因此仍具有单点故障的可能。此外,维护基础设施和关键电路时仍需要关闭相关设备。

③ 可并行维护级。

这一级的数据中心有了显著改善,虽然自然故障或错误操作会引起数据中心运行中断,但是保护性的和程序式的维护、维修和元件替换,增加或者减少与处理能力相关的部件,以及对部件和系统进行测试等活动已经不需要中断硬件设备。因此,数据中心的可用性得到提升,为 99.982%。此外,当客户的业务需求允许增加成本进行更高级保护时,可并行维护级数据中心通常可以升级为容错级数据中心。

④ 容错级。

这一级的数据中心要求所有计算机硬件具备双电源输入,并且任何活动均不会引起关键负载的中断。因此,其可用性得到大大提升,为 99.995%。此外,基础设施的容错能力也能够容错至少一次最糟糕情况,如设备故障等。根据消防和供电安全规范的要求,还会发生由火灾报警或启动了紧急停电程序而导致的停机事件。云计算数据中心应属于容错级数据中心。

3. 云计算时代数据中心的特征

① 模块化的标准基础设施。

在数据中心中,为了使 IT 基础设施具有适应性与可扩展性,需要对服务器、存储设备、网络等系统根据预先确定的配置进行标准化和简化,以使这些配置可针对数据中心的主要服务量身打造。基于标准的模块化系统能够简化数据中心的环境,加强对成本的控制。它使用一套可扩展的、灵活的 IT 系统和服务来构建更具适应性的基础设施环境,轻松管理所有资源,提高运营效率,降低复杂性和风险。

② 虚拟化资源与环境。

在数据中心,通过采用虚拟化技术将物理基础资源集中在一起,形成一个共享虚拟资源池,从而达到低成本且充分有效地使用资源的目的。通过服务器虚拟化、存储虚拟化、网络虚拟化、应用虚拟化和数据中心虚拟化等解决方案,不仅可以帮助企业或机构减少服务器数量、提高资源利用率、优化管理,还可以帮助企业或机构实现动态的 IT 基础设施环境,从而达到降低成本、快速响应业务需求变化等目的,为企业或机构实现数据中心自动化和业务连续性提供必要的、坚实的基础。虚拟化是数据中心使用最为广泛的技术,也是云计算数据中心与传统数据中心的最大差异。

③ 自动化管理。

数据中心应该是 7×24 小时无人值守、远程管理的,这种管理模式要求整个数据中心能自动化运营,不仅要检测、修复设备的硬件故障,还要实现从服务器和存储系统到应用的端到端的基础设施统一管理。先进的自动化功能可以动态地重新分配资源,确保 IT 与业务协调一致。通过将重复性的任务自动化,IT 机构可以降低成本,减少人为错误。自动化、虚拟化和管理的有机结合能帮助 IT 机构按照预定的计划实现所需的服务等级。

④ 快速的可扩展能力。

在数据中心,所有的服务器、存储设备和网络均可通过虚拟化技术形成虚拟共享资源池,从而被数据中心的各种应用系统共享。新的集成虚拟化方案通过资源所有权分立手段将硬件拥有者与应用者进行逻辑分立,系统管理员可通过软件快速进行虚拟资源的创建和重新部署,使其成为 IT 服务的共享资源。然后,根据已确定的业务应用需求和服务级别,通过监控服务质量来动态配置、订购、供应虚拟资源,实现虚拟资源供应的自动化,并快速提升基础设施资源利用的可扩展能力。

⑤ 节能及节省空间。

传统数据中心追求的是性能,而云计算时代数据中心在当今能源紧缺、能源成本迅猛增长的情况下追求的必然是能源效率(PUE),即数据中心能源利用率。在云计算时代数据中心,将大量使用节能服务器、节能存储设备和刀片式服务器,通过先进的供电和散热技术(新型电源组件、热量智能、功率封顶、液体冷却机柜、紧耦合散热和动态智能散热等)解决传统数据中心的过量制冷和空间不足的问题,实现供电、散热和计算资源的无缝集成及管理。云计算时代数据中心将是一个能高效利用能源和空间的数据中心,并支持企业或机构获得可持续发展的计算环境。

⑥ 高 IT 资源利用率。

在云计算时代数据中心,为解决传统数据中心的 IT 资源利用率十分低(服务器的平均利用率低于 20%)的问题而广泛采用虚拟化技术进行系统和数据中心的整合。虚拟化技术有助于打破"孤岛效应",共享 IT 资源,优化资源利用率,降低成本,使 IT 基础设施具备更高的灵活性,并确保供需平衡。

⑦ 高可靠性冗余。

数据中心应该是 7×24 小时连续运行的,其服务不允许有任何中断(包括计划内的维护)。企业或机构的数据中心是重要信息和核心应用的集中,由各种故障或灾难导致的 IT 系统中断都可能引起业务中断,特别是关键业务系统,其中断将会对企业生产和机构运营产生重大影响。因此,数据中心特别强调系统中各部分的冗余设计(双重或多重备份)甚至容错设计,以确保稳定、持续的系统连接,既能满足关键业务对系统性能的要求,又能保障企业或机构数据的安全。在数据中心中,建立高度可信赖的计算平台(容错计算环境)是第一位的,然后是信息安全保障,包括网络安全威胁防范、数据复制与备份、容灾中心建设等措施,从而满足高可用性要求。

4. 云计算时代传统数据中心面临的问题

① 网络架构问题。传统数据中心网络采用三层结构,所需网络设备多,平均时延长。另外,随着存储网络和数据网络的融合,存储流量对时延要求更为严格,三层结构带来的高时延问题需要通过扁平化网络结构来解决。

② 融合问题。数据网络与存储网络的分离现状阻碍了数据中心的发展,实现网络的有效融合,对于数据中心发展至关重要。

③ 云计算下业务高带宽需求问题。数据中心将处理视频、发掘数据、进行高性能计算等高带宽业务,突发流量现象较多,因而要求网络必须保证数据能够高速率传输,对带宽的要求越来越高。

④ 虚拟化问题。为了解决当前数据中心设备利用率低的问题,需要采用各种虚拟化技术,以提高设备利用率。

⑤ 高可用性问题。随着数据中心规模的扩大,如何保证在链路、设备或是网络故障及人为操作失误时实现服务不中断,成为人们日益关注的一个问题。

⑥ 安全问题。数据中心的业务具有开放性高、多业务并存以及访问来源不确定等特点,因此数据中心往往面临着较多的安全威胁。当前云计算没有成熟的安全防护技术,如何提高数据中心安全性是一个迫切需要解决的问题。

⑦ 能耗问题。构建及运营数据中心所需的能耗过大,尽快构建绿色节能、高效运行的数据中心势在必行。

因此,构建数据中心应能够很好地解决上述问题,为用户提供高带宽、低时延、高效率、安全、可靠的服务,保证企业及服务提供商构建数据中心的成本低、设备利用率高、数据中心可用性高,实现高效管理。根据上述需求,基于云计算的数据中心应运而生,将云计算与数据中心有效结合,实现优势互补,充分为现代企业服务。

5.1.2　数据中心的分类

各类数据中心业务各异,其地位、规模、作用、配置和分类方法也有很大的不同,目前主要从以下两个方面进行分类。

（1）根据数据中心服务的规模分类。

数据中心按照规模,可以划分为大、中、小型数据中心,但这也只是一个相对的概念,没有严格的量化标准。在我国,从规模上看,省部级以上级别的企业与机构所建立的数据中心一般属于大型数据中心;省辖市级的企业与机构所建立的数据中心一般属于中型数据中心;县辖级的企业与机构及小型企业所建立的数据中心一般属于小型数据中心。

（2）根据数据中心服务的对象和范围分类。

根据数据中心服务的对象和范围,常常将数据中心分为企业数据中心和互联网数据中心。

① 企业数据中心(corporate data center,CDC),国内也称 EDC(enterprise data center),泛指企业与机构所有和使用的数据中心,其目的是为自己的组织、合作伙伴和用户提供数据处理和数据访问的支撑。企业内部的 IT 部门或合作方负责数据中心设备的运行与维护。企业数据中心构建企业统一的数据服务总线,实现统一的数据共享服务,是企业数据计算、网络传输、存储的中心。

② 互联网数据中心(Internet data center,IDC),是指服务提供商所有,并向多个用户提供有偿的数据互联网服务(如 Web 服务或 VPN 服务等)的数据中心。互联网数据中心是一种利用电信级机房设备向用户提供专业化和标准化的数据存放业务及其他相关服务的中心。用户可以享受数据中心的主机托管、整机租赁、虚拟主机等服务,也可以租用数据中心的技术力量来搭建自己的互联网平台。

5.1.3 数据中心网络部署

数据中心是数据传输、计算和存储的中心,集中了各种软硬件资源和关键业务系统,如 Web 服务、搜索引擎、在线购物、网络游戏及 MapReduce 大规模集群计算等。传统的数据中心网络通常采用树形结构,这种网络结构的总带宽受限于根节点的可用带宽,根节点成为系统的性能瓶颈,而且随着网络规模的增大,需要昂贵的高端交换机构建。随着虚拟化技术的广泛运用和云计算等新兴应用模式的发展,数据中心网络得到迅速发展,数据中心网络在组成结构、功能规模及运用模式等方面正发生着深刻的变革。一个现代数据中心的规模通常可达上万乃至上百万台服务器。为了适应数据中心网络发展的新要求,许多新型的网络结构相继提出,如 Fat-tree、Portland、VL2、DCell、BCube、Helios、c-Through、OSA 等。与传统的数据中心网络不同,这些新型的网络普遍具有一些新的特点,如采用虚拟化技术、提供多路径连接、多用户共享网络资源等。深入研究现代数据中心网络的特征,对于提高数据中心网络的性能、设计合理的资源管理方案和系统,具有十分重要的意义。

1. 数据中心网络结构特征

数据中心网络作为互联网和云计算的基础支撑平台,承载着各类核心业务,因而应功能强大、性能优良。与一般的网络不同,数据中心网络在结构上也有其特殊的要求。传统的数据中心网络采用典型的二层或三层树形结构,在三层网络结构中,自上而下分别为核心层、汇聚层、边缘层,如图 5-1(a)所示。这种网络结构中,根节点带宽会成为系统性能瓶颈,由此带来网络整体使用率低、数据传输时延长等缺点,而且根节点故障会引起单点失效。通过增加核心层交换机,构成多根树结构[图 5-1(b)],虽然可以提高根节点的可靠性,但同一时刻只有其中一个根节点在运行,仍不能解决根节点瓶颈问题。

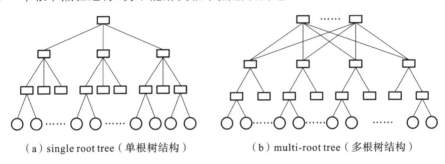

(a) single root tree(单根树结构)　　　　(b) multi-root tree(多根树结构)

图 5-1　传统数据中心的树形网络结构

当前数据中心网络拓扑方案可以分为两类:以交换机为核心的拓扑方案和以服务器为核心的拓扑方案。其中,在以交换机为核心的拓扑方案中,网络连接和路由功能主要由交换机完成。这类新型拓扑结构要么采用更多数量的交换机互联,要么融合光交换机进行网络互联。因此,它要求升级交换机软件或硬件,但不用升级服务器软硬件,代表方案包括 Fat-tree、VL2、Helios、c-Through、OSA 等。在以服务器为核心的拓扑方案中,主要的互联和路由功能放在服务器上,交换机只提供简单的纵横式(crossbar)交换功能。此类方案中,服务器往往通过多个接口接入网络,为更好地支持各种流量模式提供物理条件,需要对服务器进行硬件和软件升级,但不用升级交换机,具体方案包括 DCell、BCube、FiConn、CamCube、MDCube、uFix 等。与传统的树形网络相比,这些网络具有以下鲜明的结构特点。

① 基于商业交换机构建。

传统数据中心网络采用树形结构,网络的通信带宽将受限于根节点的带宽,如假设采用典型的三层树形结构,且所有层都使用普通 48 端口 GigE 交换机,则核心层可用带宽仅约为所有服务器出口带宽的 0.4%。随着交换机端口数以及网络层数的增加,这种限制将更加突出。为了提高系统性能,需要采用高端昂贵的交换设备构建数据中心网络。虽然随着技术的发展,交换机的性能不断提高,但是树形结构的这种结构性问题仍存在。一个现代数据中心通常可达上万乃至上百万台服务器的规模,使用高端专用设备将带来巨大的开销。据估算,使用高端交换机构建一个 10000 台服务器规模的主机间全带宽网络需要近 2000万美元,而使用普通商用交换机构建的相同规模的 Fat-tree 网络仅需不到 500万美元。因此,为了降低成本,现代数据中心通常采用普通商业交换机构建,如谷歌数据中心、微软数据中心及 Fat-tree、Portland、DCell、BCube 等。基于商业交换机构建数据中心网络是现代数据中心结构设计的出发点,也是影响现代数据中心网络其他特性的重要因素。

② 多路径连接架构对比。

使用商业交换机使得单条路径的传输能力受限,需要在服务节点之间增加多条路径以满足服务器间高速数据传输的需求。Fat-tree、Portland 均采用 Clos 架构的一种特殊形式(Fat-tree)作为物理网络的连接形式,提供服务器间的多路径访问,VL2 在使用 Clos 架构的同时在核心层使用高端 10GigE 交换机,以支持多路径并提供更高的带宽。Clos 架构是美国贝尔实验室设计的一种多级交换结构,最早应用在电话网络中。Clos 支持多级交换并通过每个交换单元都连接到下一级的所有交换单元上,在不同交换单元之间建立多条交换链路。与此不同,DCell 和 BCube 则通过在服务器上增加网卡,使服务器也承担部分路由和转发功能,并通过层次式的递归连接模式构建服务器之间的多条通路。两者相比,前者在网络的连接方式上更接近传统树形结构,连接相对简单,更加直观和易于构建,但由于交换机承担全部路由和转发功能,仍需使用较高端的交换机,成本相对较高;而后者由于服务器承担了部分转发功能,只需小端口的交换机即可组建大规模的网络,成本相对较低,但服务器的转发能力相对较弱,同时数据转发功能也可能降低服务器性能。

③ 从机架式向集装箱式转变。

传统的数据中心基于机架构建,需要复杂的手工连线并占用大量的基础设施资源(如机房空调、冷却系统),网络部署周期长,且一经部署就难以移动,数据中心网络和基础设施紧密耦合。集装箱式数据中心又称为模块化数据中心,它将服务器、网络和空调系统封装在标准尺寸的集装箱内,一个集装箱式数据中心可包含几百或上千台服务器。与传统机架式数据中心相比,集装箱式数据中心具有开发周期短、能耗密度高、占地面积小、便于移动部署等特征,近年来日益受到学术界和产业界的重视。

2. 数据中心网络应用特征

① 由企业自建向共享使用转变。

按照运营模式的不同,数据中心的发展大致可以分为以下 4 个阶段:a. 企业自建,自主运维;b. 企业自建,运维外包;c. 企业租赁,独占使用;d. 企业租赁,共享使用。

最初的数据中心网络普遍采取企业自建、自主运维的方式,每个企业自主建设、运营维护各自的数据中心,每个数据中心属于特定的企业,运行单一的企业应用,由企业自主运维和管理。由于单个企业数据中心规模通常较小,这种方式需要大量的运营管理成本。为了降低成本,数据中心逐渐发展为企业自建、运维外包的形式,如服务器托管,数据中心所有权归企业,但建设、运行、管理和维护部分或全部交由公共数据中心负责,从而使得企业从数据中心运维的负担中解放出来,可以更加专注于核心业务建设,但是这种方式仍需要大量的基础设施投入。企业租赁、独占使用的方式较好地克服了这一缺点,在这种方式下,大型的基础设施服务提供商负责数据中心的建设、运营、管理与维护,企业仅需按照自身的网络需求规模,租赁使用数据中心网络资源,企业拥有数据中心的使用权,但不拥有所有权,主机租用就是这种形式。但是在这种方式下资源仍以独占的方式使用,固定的资源只运行单一的应用,效率低下。

随着技术的发展,现代数据中心网络运营模式逐渐向公共云服务转变。云计算提供资源和服务的按需分配,因此也被称为"按需计算"。多个租户共享使用数据中心网络资源,运行不同的企业应用,资源以动态、弹性、按需的方式分配和共享使用,并按实际的资源使用情况付费。用户可以定制个性化的计算环境,如服务器数量、软件环境、网络配置等。资源可以根据需要动态申请,也可以动态回收。云计算可以极大地提高资源使用率,节省企业成本和开销,如亚马逊弹性云 EC2 和安全存储服务 S3、IBM 蓝云等。可以预见,云计算将成为未来数据中心的主要运营方式和服务模式。

② 动态、按需使用网络资源。

传统数据中心采用以项目需求为出发点,以峰值为导向的设计原则,基于静态的物理资源进行资源分配,其工作负载静态管理,应用与基础设施紧密耦合,导致资源孤立不能共享,不能随应用和负载的变化实时、动态调度。由于应用平时的资源需求通常远小于峰值的资源需求,故传统数据中心资源利用率低下。传统数据中心这种静态的结构带来了一系列严重的问题,如结构复杂、管理困难、资源固化、灵活性缺乏等。现代数据中心广泛采用虚拟化技术,将物理基础资源集中在一起形成一个共享虚拟资源池,从而可以更加灵活和高效地利用资源。虚拟化技术构建了动态的基础设施环境,使得应用负载与基础设施资源解耦,数据中心基础设施具备更高的灵活性,可以快速响应业务需求的变化,为资源的动态、按需调度提供了必要的基础。

3. 数据中心网络流量特征

现代数据中心通常由多用户共享、运行多种应用,研究网络的流量特征对于揭示数据中心网络的工作机理、采取合适的流量工程机制、合理地分配和调度网络资源,乃至设计合理、高效的数据中心网络资源管理系统,都具有重要的意义。出于安全和隐私的考虑,目前对数据中心网络流量的研究并不多,实际测量的结果则更少。通过对现有研究的分析与总结,得到数据中心网络流量的一些典型特征。

网络流量特征可在不同的层次加以考虑,如主机级、流级和包级,主要涉及主机或虚拟机之间的通信模式、网络流的特征及数据包的特征。比如,主机间是以点对点通信为主,还是以多对多通信为主,抑或两者均有;网络流是在全网均匀分布,还是相对集中,流的大小具有什么特性;数据包的大小和到达过程服从怎样的分布,是否具有与普通 Internet 网络相似的特征。本节结合现有研究成果,解释产生这些特征的基本原因,以便读者了解上层应用或底层的支撑系统是如何影响网络流量的。

① 以集群通信为主。

传统 Internet 网络是访问式网络,以点对点的通信为主,如 P2P 网络上的文件传输通常只涉及通信双方的一对节点。而数据中心网络不仅需要与外部用户进行交互,同时需要完成外部请求的响应和处理。此外,数据中心还可能执行特殊的计算和存储任务,如 MapReduce 集群计算、分布式文件系统、生物医学计算、高性能物理模拟等,使得数据中心的流量呈现出不同的特点。实际的测量和理论分析表明,数据中心的网络流量主要是服务器之间的流量,除一对一($1\rightarrow1$)通信外,一对多($1\rightarrow N$)、多对一($N\rightarrow1$)、多对多($N\rightarrow M$)等集群通信模式是数据中心网络的主要通信模式,如图 5-2 所示。

数据中心网络服务器间的这种通信特点,是由数据中心网络上层应用的特征及底层文件系统的特殊属性所决定的。现代数据中心网络包含多种上层应用,如 Web 服务、文件存储、电子商务、搜索引擎、集群计算等。其中,搜索引擎是数据中心重要的应用类型,一般由网页抓取子系统、链接结构分析子系统、内容索引子系统和查询子系统组成。查询子系统根据用户请求,从内容索引子系统中搜索关键词和文档编号,将结果返还给用户。对于一般搜索,由内容索引子系统根据关键词索引直接返回结果,当内容索引子系统并未建立索引时需执行分布式计算,内容索引节点将需要从多个链接分析节点返回搜索结果,查询请求的分发和查询结果的返回分别构成一对多和多对一通信。由于查询请求的响应

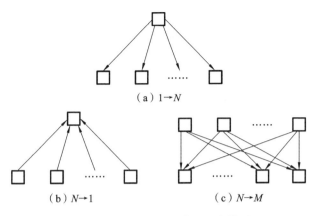

图 5-2　数据中心网络典型通信模型

速度和查询结果的质量将直接影响用户体验,因此需要在极短的时间内执行大量的分布式计算和数据传输任务,这对计算和网络性能均提出了极高的要求。

此外,现代数据中心网络通常在多租户环境下运行各种不同应用,这种多租户共享数据中心网络资源的特性,更增加了网络流量的多样性,如何通过资源的合理配置和调度,以满足网络资源的高效、合理利用,成为现代数据中心网络管理的重要课题。

② 局部性。

通过对大规模数据中心网络流量特性的测量和分析,数据中心网络流量分布表现出两种不同的模型:work-seeks-bandwidth pattern 和 scatter-gather pattern。work-seeks-bandwidth pattern 表现为相邻或相近的节点之间有较多的数据通信,比如相同机架或相同 VLAN 的节点之间具有更多的通信,这主要是因为设计者通常希望把相同的作业放在同一区域,以获得更大的带宽。scatter-gather pattern 表现为一个服务器与多个服务器之间的通信,这主要是因为数据中心典型的应用模型如 MapReduce 等本质上要求数据有分发和汇聚的过程,需要在一个节点与多个节点之间传递数据。

对不同类型(大学、企业和云计算)的数据中心网络流量分布模型进行研究发现,流量在数据中心内部分布并不均匀。对云计算数据中心而言,80%的网络流量发生在机架之内;而对大学数据中心而言,绝大部分的网络流量发生在机架之间。在采用三层结构(核心层、汇聚层、边缘层)的数据中心网络中,各层之间的流量也不平衡,核心层通常具有较高的链路利用率,而边缘层和汇聚层则相对较低。这说明流量的分布具有某种局部性。随着应用的不同,同一时刻不同数据中心网络中流量的并发数存在着较大的差异,流量的大小和长度表现出某种"大象流"和"老鼠流"的特性,80%的流不超过 10KB,10%的流占据了绝大部分的数据流量。网络流在数据中心内部分布并不均匀,表现出明显的局部性,这种局部性是由应用部署的局部性和应用程序的典型通信模式所决定的。

③ 包的分布特征:ON/OFF 模型。

在数据中心网络的边缘层,包的到达过程表现为 ON/OFF 模型,ON 周期、OFF 周期以及 ON 周期的到达时间间隔服从对数正态分布。进一步观察数据中心网络包的这种分布特性与主要应用程序的特性(ON 周期、OFF 周期以及到达率)之间的关系,结果表明,对某些数据中心而言,主要应用程序的特性与包的分布特性具有一致性,而对部分数据中心则不然,意味着仅凭主要应用程序的特性并不足以决定包的分布特性。

4. 数据中心网络虚拟化特征

技术的发展和应用模式的改变,使得虚拟化成为数据中心网络发展的必然趋势。通过虚拟化技术,将数据中心的各种软硬件资源虚拟成虚拟资源池,多用户、多应用共享使用数据中心资源,可以有效避免局部资源限制造成的资源瓶颈和信息孤岛,极大提高数据中心资源使用率。虚拟化是现代数据中心中使用最为广泛的技术,也是其与传统数据中心最大的差异。虚拟化使得网络资源分配的基本形式和网络的结构属性发生了重要的变化。

① 虚拟分配资源。

为了提高资源利用率,需要对数据中心资源进行合理的调度,比如根据应用对资源的需求,进行资源的动态创建、调度和回收。这些资源既包括服务器的计算存储资源、I/O 资源,也包括 IP 地址、网络带宽等资源。数据中心根据粒度大小、资源分配方式可以划分为基于线程/进程、虚拟机及物理主机等不同层次。其中,基于线程/进程粒度的资源调度方法主要用于单台服务器上,多个线程/进程共同使用主机资源。线程/进程级资源调度的主要优点是资源分配粒度小,能够获得较高的资源利用率,但应用之间的隔离性差,且资源以共享方式竞争使用,服务质量得不到保证。此外,线程/进程级资源调度只能对单台主机内的资源进行调度,不能根据数据中心全网的资源使用情况进行全局优化。基于物理主机的资源调度又可进一步分为独占式和共享式,独占式调度将一个应用或应用的一个组件分配到一个物理主机并独占使用,这种方式将导致资源利用率极低;共享式调度则将多个应用分配到一个物理主机,并以分时共享的方式使用物理主机资源。这两种方式对资源的分配都是静态的,不能在不同的主机间均衡资源需求。

② 扁平的二层网络。

为了能够进行全局的资源优化,应动态、按需地调度全网的资源。理想情况下,虚拟化数据中心网络应具有某种"即插即用"的特性,任何虚拟机都可以迁移到任意的物理主机上,同时新应用的部署无须管理员对交换设备进行配置,因为若需要人工配置,将严重制约资源调度的动态性。为了保持 TCP 连接的连续性,迁移的过程将不改变虚拟机的 IP 地址和 MAC 地址,因此虚拟机只能在同一子网内迁移。这就要求数据中心网络只能是扁平的二层网络,因为三层网络在新应用部署之前需要配置子网信息,或者使用 DHCP 协议分发 IP 地址。同时,三层网络也不支持透明的虚拟机迁移,因为迁移到不同的子网需要改变 IP 地址。然而,二层网络也面临着可伸缩性和效率的挑战,随着网络规模的增大,二层网络需要上万乃至上百万条目规模的转发表,在现有的硬件条件下,这将是不可承受的。为了降低转发表的规模,现有的技术主要借鉴位置和标识分离的思想,在传统的 MAC 层和 IP 层之间引入虚拟的中间层,使用中间层地址进行数据转发,使得应用和终端主机仿佛处在二层网络之中,从而支持虚拟机在不同主机间任意迁移。中间层的地址与网络位置是紧密相关的,从而可以极大减小转发表的规模,如 Portland、VL2 等。

③ 动态可配置虚拟网。

现代虚拟化数据中心的多用户共享特性,要求多个互不信任的用户之间既要能够提供可靠的隔离,又要根据资源需求动态调整和共享使用资源,同时提供服务质量(QoS)保证。在现有的解决方案下,为了支持可靠的隔离和 QoS 保证,通常的做法是将数据中心网络划分为不同的虚拟网(VLAN)。这种划分是静态的,每个用户或每个应用运行在单独的虚拟网之中。但是这种方案存在固有的缺陷:虚拟网的划分需要预留资源,限制了网络的灵活性。为了能够动态调整使用数据中心资源,提高资源利用率,需要根据应用对资源需求的变化动态调整虚拟网的划分。比如,对一个提供 Web 服务和视频应用的数据中心而言,可能白天 Web 服务需要的资源较多,而晚上视频应用需要的资源较多,Web 服务和视频应用分别对应不同的用户,被划分在不同的 VLAN,为了提高数据中心网络资源利用率,就需要根据应用的资源需求情况动态调整 VLAN 的划分,即要求数据中心虚拟网必须是动态可配置的。动态配置虚拟网需要网络虚拟化技术的支持,即网络在运行的过程中可以动态划分成不同的切片。

5.2　基于云计算数据中心的出版企业的读者细分应用

近年来,数字出版产业在我国蓬勃发展,数字化浪潮正在开启一扇通向全民阅读的新大门。随着国民对数字化阅读的认可度不断提高,线上读者的精确细分已经成为出版企业在数字化转型过程中亟待解决的重要问题。本节将基于云计算数据中心提供的数据,利用基于势能场模型的层次优化聚类算法对读者的消费行为数据进行聚类分析,逐步解决这一具有重要现实意义的问题。

实际应用中的具体聚类流程通常如图 5-3 所示。与对抽象数据集进行聚类操作不同,将聚类分析应用于实际问题时,一般没有已经标注好的数据集,往往需要对数据进行多次处理后才能进行聚类操作。

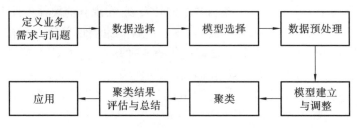

图 5-3　实际应用中的具体聚类流程

5.2.1　基于出版业的 RFM 模型

这里需要进行聚类处理的读者数据主要来源于武汉市某家为出版企业提供数字化出版定制服务的公司。经过对读者数据的详细分析,发现数字化阅读的浏览模式一般仅能抓取读者的基础身份信息,而有价值的读者数据主要分为读者阅读行为和读者消费行为两大类。出版企业在转型过程中多元化盈利模式的构建,有效刺激了读者在阅读中的消费行为,极大地丰富了消费行为数据。因此利用读者的消费属性,对消费行为数据进行聚类分析来实现读者细分和分级,这显然更加符合出版传媒企业对盈利的迫切需要。

读者细分模型是指根据出版企业读者的实际特点,选择合适的细分属性,然后按照一定的划分标准对读者进行细分的方法。根据上述分析,现采用 RFM 模型作为出版企业读者细分的主要模型。在众多的客户关系管理分析模式中,RFM 模型在反映客户消费偏好方面具有良好的表征性,对客户价值、忠诚度以及创利能力的衡量也发挥着极为重要的作用。针对数据库营销的相关研究发现,最近一次消费(recency)、消费频率(frequency)和消费金额(monetary)是客户数据库中三个具有关键意义的要素,构成了数据分析最好的指标,也是 RFM 模型的核心。

表 5-1 给出了基于出版业的 RFM 模型中 R、F 和 M 三个值的具体含义。其中,R 值越大,表示读者交易发生的日期距离分析点越远,反之则表示读者交

易发生的日期距离分析点越近;F 值越大,表示读者交易越频繁,反之则表示读者交易不够活跃;M 值越大,表示读者价值越高,反之则表示读者价值越低。

表 5-1 　　　　　　　　　　基于出版业的 RFM 模型的具体含义

模型	具体含义
R(近度)	读者最近一次购买行为距离分析点的时间
F(频度)	读者一定时期内购买该出版企业产品的次数
M(值度)	读者一定时期内购买该出版企业产品的总金额

图 5-4 展示了 RFM 模型根据消费特性进行的读者群体细分,显然该模型以读者价值为核心,依据读者交易的活跃度与产生的交易总额,区分不同读者对于企业的重要性。

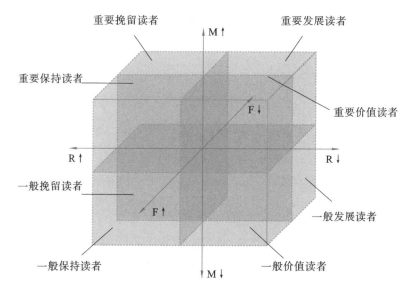

图 5-4　基于 RFM 模型的读者细分

利用 RFM 模型进行聚类操作,主要根据指标分段对每个读者的 R、F 和 M 三个指标进行打分,并计算得分总和即 RFM 值,将这四个属性作为读者细分属性进行聚类分析。RFM 模型的指标分段没有统一标准,不同指标的权重划分需要结合行业背景,而不同的分段标准产生的聚类结果显然也不相同。

出版企业在对读者进行细分时,需要充分考虑读者消费数据和企业自身需求,根据实际情况制定合理的指标分段标准。我们依据获取的读者实际消费数据,制定了表 5-2 所示的分段标准。显然,RFM 模型的分段指标越细,最终聚类产生的类簇数目就越多,虽然细分出的每组读者特点更加鲜明,但是读者个数会相应地减少。为了平衡聚类效果,我们将 3 个指标均划分为 8 个分段并设置分值,每个指标的潜在价值逐步增加。由于制定的分段标准不区分指标权重,而是根据潜在价值换算得分,因此不同指标分段之间得分的合理差异有利于聚类过程中数据的区分。

表 5-2   **RFM 模型分段标准**

R 值分段	F 值分段	M 值分段	分值
480 天以上曾消费	消费 1 次	消费 50 元以内	1 分
360～480 天内曾消费	消费 2 次	消费 50～100 元	2 分
270～360 天内曾消费	消费 3 次	消费 100～250 元	4 分
180～270 天内曾消费	消费 4 次	消费 250～500 元	7 分
90～180 天内曾消费	消费 5～6 次	消费 500～1000 元	12 分
30～90 天内曾消费	消费 7～8 次	消费 1000～2500 元	18 分
15～30 天内曾消费	消费 9～10 次	消费 2500～5000 元	25 分
15 天内曾消费	消费超过 10 次	消费超过 5000 元	36 分

5.2.2 数据预处理及聚类

为了提高聚类分析的准确性,首先应对数据进行预处理操作,主要包含数据导入、数据清洗、模型指标的计算以及数据变换等方面的内容,我们进行数据预处理操作的数据库平台采用 MySQL 5.7.18。

原始数据库中包含大量数据表,通过上述分析可知,本次聚类分析仅针对消费行为数据,因此只对包含读者消费行为数据的用户订单表进行操作。原用户订单表中共有 37 个字段,其中大部分字段对于构造 RFM 模型没有实际用处,所以首先对数据表中无用的字段进行过滤,仅保留构造模型的必需字段。经过过滤,保留 5 个有效字段用于后续的模型构建,有效字段构成的数据表模型如图 5-5 所示。

过滤后的数据表中仍然存在大量不符合要求的记录,需要继续对数据表进行清理操作,主要是删除不合理或空值的记录。数据清理操作首先针对保留的 5 个有效字段,显然都应该为非空字段,需要对任意字段包含空值的记录进行清理。status 字段表示订单状态,为了排除用户其他操作的干扰,仅考虑已完成的订单,通过匹配 status 字段的状态代码,清理所有未完成的订单记录。研究 2015 年 6 月 30 日至 2017 年 1 月 1 日期间的读者消费数据,其中 2017 年 1 月

1 日为分析点,对表示支付时间的 pay_datetime 字段不在研究时间范围内的数据应进行清理。

tb_orderform	
id	int
uid	int
money	double
status	varchar(50)
pay_datetime	datetime

图 5-5　用户订单有效字段数据表模型

经过清理后的数据表共包含 7124 条记录,每位读者均有唯一的 uid 标识,但是可以进行多次消费并产生多个订单,整理之后统计出共有 4186 位读者。一般为了消除数据之间量纲不同的影响,需要对数据进行归一化处理,而此次构造的 RFM 模型通过制定分段标准,对每位读者的 R、F 和 M 值指标进行分值换算,已统一数据量纲与数据区间,因此无须再次进行标准化处理。利用临时创建的数据表 tb_rfm 存储三个指标得分及 RFM 值,见表 5-3。

表 5-3　　　　　　　　　　　**tb_rfm** 数据表模型

字段名	数据类型	主键	注释
uid	int	是	读者唯一标识
recency	int	否	最近一次消费
frequency	int	否	消费频率
monetary	double	否	消费金额
r_value	int	否	R 值得分
f_value	int	否	F 值得分
m_value	int	否	M 值得分
rfm_value	int	否	RFM 值

从数据表模型可以看出,临时数据表 tb_rfm 的每一条记录均代表唯一一位读者在确定时间范围内的消费情况及相应属性值。基于出版业的 RFM 模型构建完成之后,从数据库读入该表数据,并以 r_value、f_value、m_value 和 rfm_value 四个字段值作为细分属性,再利用基于势能场模型的层次优化聚类算法进行聚类分析操作。

5.2.3 聚类结果及分析

将基于出版业的 RFM 模型应用于层次优化聚类算法,对线上读者的消费行为数据进行处理,最终共聚类生成六个类簇,每个类簇代表一类具有相似属性的读者,属性的均值描述了该类簇读者群体的总体特征。表 5-4 所示为出版企业读者消费行为数据的聚类结果。

表 5-4 读者群总体特征描述

簇名	R 均值	F 均值	M 均值	RFM 均值	簇内读者数	读者占比
簇 1	7.44	1.38	36	44.82	46	1.1%
簇 2	14.94	1.27	1.98	18.19	1476	35.26%
簇 3	3.19	4.77	15.53	23.49	302	7.21%
簇 4	36	1.92	3.03	40.95	219	5.23%
簇 5	22.71	8.4	13.52	44.63	1761	42.07%
簇 6	9.07	7.16	6.87	23.1	382	9.13%

分析具体的聚类结果,将每个类簇的读者群总体特征进行归纳整理,实现对出版企业读者的精确细分。结合表 5-2 的 RFM 模型分段标准,对各个类簇读者群体的详细分析如下:

(1) 簇 1 的读者人数最少,最近一次消费时间距离分析点为 6~9 个月,且大多数只进行了一次消费,但是平均消费金额相当高。此类读者显然以奢侈品消费为主,他们不热衷于购物,但是对于喜爱的高端商品,尽管价格高昂也依然会购买。这类读者为企业创造了丰厚的利润,出版企业可以向他们重点推荐企业的高端商品,并围绕高端商品提供优质服务,利用所拥有的资源重点维系这类读者。

(2) 簇 2 的读者人数超过读者总人数的 1/3,占了较大的比重。这类读者的最近消费时间距离分析点大约 3 个月,消费的金额和次数都比较少。在数字阅读的过程中,绝大部分读者都抱着浏览的心态,很少有主动消费的打算,只有在浏览期间偶尔发现喜爱的商品才会进行消费,并且消费水平有限,显然这类读者也不会专注于某一家出版企业。簇 2 的读者就是以浏览为主的不稳定读者的典型代表。对于这些没有明确关注点的读者,企业应提高内容质量,推出吸睛的商品与服务,从而抓住并留下读者。

（3）簇 3 的读者进行过多次消费,总平均消费金额在千元左右,本应受到出版企业的重点关注,然而他们却在最近一年都没有消费行为,说明这类读者曾经是企业的主力客户,但是现在已经流失。对于已经流失的读者,企业应分析流失的原因,合理制订解决方案,尽力挽回流失的读者。

（4）簇 4 的读者在近期内进行过消费,总消费次数为 $1\sim2$ 次,消费金额在 $50\sim250$ 元之间。在出版企业的数字化转型过程中,越来越多的新读者会通过体验的方式加入其中,显然簇 4 的读者就属于新读者。新读者的最近一次消费时间往往距离分析点较近,但是由于持体验态度,他们通常消费次数较少且消费金额一般。这类读者与簇 2 的读者群相似,可能是企业未来的主要客户,应该积极地为他们推荐感兴趣的优秀产品,经常推出优惠活动,牢牢把握住新读者。

（5）簇 5 的读者在三个指标上都有较高的均值,且读者人数最多,达到读者总人数的 42.07%,显然这类读者是目前该出版企业的主要客户。这类读者属于活跃用户,与企业良性互动较频繁,是最为重要的客户资源,在企业中享有最高的优先级,应针对他们的喜好进行内容和产品的精准推荐,全面提升服务质量,提高他们的忠诚度。

（6）簇 6 的读者最近一次消费时间距离分析点大约半年,至少产生了 4 次消费行为,总平均消费金额在 $250\sim500$ 元之间。从数据可以看出,此类读者虽然消费水平一般,但类似簇 3 的读者群,也是企业的老客户,而最近半年没有消费,说明这些读者已经从活跃状态慢慢变得沉寂,开始逐渐走向流失。开发一个新客户的成本是维护一个老客户的许多倍,老读者的逐渐流失无疑是企业的重大损失,但对于这类还未完全流失的读者显然还有较大的挽回余地。出版企业应以读者为先,重新制定服务战略,以优质的内容、产品和全方位的服务挽回正在流失的读者。

以上六类读者的占比分布统计情况如图 5-6 所示。读者群占比分布是企业进行读者细分的重要评判标准,与企业长期的统计数据进行比较分析,可以体现聚类分析的准确性与高效性。

出版企业的读者细分应利用聚类分析技术解决企业的实际难题,将具有相似消费特征的读者归为一类,而将具有不同消费特征的读者划分为不同的类。根据每类读者的特征对该类读者群进行详细描述,以指导企业按需提供优质的个性化服务,利用企业所拥有的资源吸引读者,刺激读者消费,从而提高企业的效益和竞争力,同时也为企业制订科学、合理的市场营销策略打下坚实的基础。

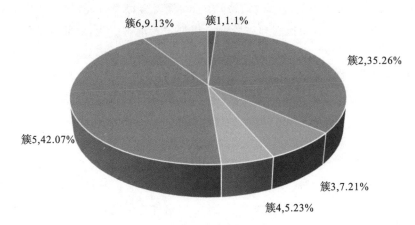

簇6,9.13%　簇1,1.1%

簇2,35.26%

簇5,42.07%

簇3,7.21%

簇4,5.23%

图 5-6　读者聚类结果分布图

5.3　云计算资源管理

　　数据中心聚集了大量的计算机设备与资源,它需要处理来自不同用户的各种需求,因而,对自身的资源调度提出了更高的要求。在建立云计算数据中心和应用平台后,面临的最主要的问题就是如何合理、有效地分配云计算数据中心的虚拟共享资源以满足不同用户的不同请求。图 5-7 为数据中心的简单调度管理流程图。

　　要实现数据中心任务调度的低成本、高效和易用性,仍然面临着许多的挑战,其中一个亟待解决的问题就是数据中心的高能耗。数据中心高能耗与数据中心资源和任务的特点有关:

　　(1) 数据中心任务请求的随机性。用户提交任务的不确定性,导致数据中心任务请求的随机性。如在一个数据中心,不同用户的任务请求在大多数情况下都不会相同,若不考虑不同的任务之间的差异,将虚拟机依次分配给它们,虽然用户的请求最终也会被执行,但却不一定能使服务的质量最优。

　　(2) 由于数据中心不同的计算设备通常有不同的配置,故其同时处理任务的效率也不尽相同。若任务分配不当,使用高性能的服务节点去处理简单的任务,就好比让超算中心去计算简单的加减乘除,虽然确定能得到正确的结果,但也未免太过"奢侈",同时也造成不必要的能耗。

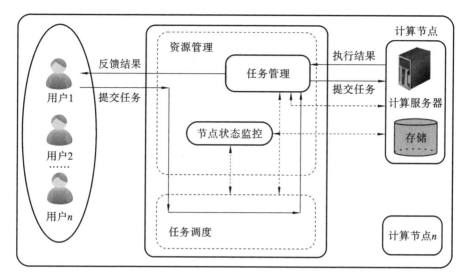

图 5-7　数据中心简单调度管理流程图

数据中心任务的"随机性"和任务分配不当造成的"奢侈"都是造成数据中心低效率和高能耗的重要原因。

5.3.1　云计算资源管理概述

通常情况下,计算机科学中的"资源"不仅包括硬盘存储器、内存、各类接口控制器以及网络连接等硬件设备资源,还包括程序、数据文件、系统组件等软件资源。但软件由于通常在设计好并被部署在设备上之后更改的难度较大,因此并不在"资源"的范畴内。通过这些资源在实际应用中起到的作用,可以将其抽象为计算资源、存储资源和网络资源。

计算资源,即在特定计算模型下,解决特定问题所要消耗的资源。常见的衡量指标包括计算时间,即解决特定问题需要花费的步骤数目;内存空间,即解决该问题需要的最小内存空间。其中,前者最为常见。一般而言,决定计算资源的主要因素是具有运算能力的处理器。

存储资源通常是指存储数据文件的能力,即存储空间的大小。决定存储资源的因素主要是磁带、硬盘、内存等存储设备。

网络资源通常有两种含义:一是指多个计算机系统通过通信设备与软件所形成的连接;二是保存在互联网或者各种局域网上的数据资源。决定网络资源的因素通常包括交换机、路由器、光纤、网络软件等,常见的指标包括带宽、误码率等等。

云计算资源包含两大类：一类是物理计算机、物理服务器以及前两项与必要的网络设备和存储设备形成的物理集群；另一类是通过虚拟化技术在物理计算实体上生成的虚拟机以及由多个虚拟机组合形成的虚拟机群。作为一种大规模分布式环境，云计算拥有的资源类型和数量都是极为巨大的，为了尽可能高效利用资源来满足更多用户的需求，通常要求通过资源管理来实现。

5.3.2　云计算资源管理目标

在云计算中心集群规模日益庞大的今天，如果不能提升整个系统的管理能力，就无法充分利用系统资源，云计算的各项优势也就无从谈起。只有采用优秀的系统管理策略、方法与工具，才能令云计算中心的性能上一个台阶。云计算资源管理主要有以下几个目标：

（1）自动化。自动化是指整个系统在尽量少甚至完全不需要人工干预的情况下，自动完成各项服务功能，以及资源调度、故障检测与处理等功能。

（2）资源优化。云计算中心需要通过多种资源调度策略来对系统资源进行统筹安排。资源的优化通常有三个目标，即通信资源调优、热均衡、负载均衡。

（3）简洁管理。由于云计算中心需要维护的集群设备成千上万，各种虚拟资源更是数不胜数，为了提高运行与维护效率，降低人力劳动强度，需要以一种简洁的方式对所有系统资源进行管理。

（4）虚拟资源。虚拟资源是在物理资源上采用虚拟化技术后产生的。虚拟化技术能够令一台服务器主机同时运行若干操作系统且其承载的应用互不干扰，因此动态地对虚拟资源进行管理显得尤为重要。

5.3.3　云计算资源管理关键技术

云计算资源管理可以分为资源监控和资源调度两个部分。

（1）资源监控。

资源监控指的是对系统运行状况的记录，按照时间可以分为实时监控和非实时监控两种，按照监控方式可以分为主动监控和被动监控两种。系统资源的实时监控是指系统需要记录每时每刻的运行状态，而非实时监控则是指每过一个时间间隔对系统运行状况进行记录或者由某个事件触发记录行为。系统资源的主动监控是指中心节点主动向各个节点发送消息询问当时的系统运行参数；而被动监控则是指各个节点向中心节点发送消息，主动汇报当时的系统状况。考虑监控给系统带来的负载，云计算环境多采用非实时被动监控方式，即各个节点每过一个时间间隔向中心节点发送消息汇报相关系统参数。

Hadoop 提供了一个名为 Chukwa 的系统资源监控解决方案,该方案由雅虎开发,是一个开源的应用于监控大型分布式系统的数据收集系统,其构建在 Hadoop 的 HDFS 和 MapReduce 框架之上。Chukwa 可以展示用户的作业运行时间、占用资源情况、剩余资源情况、系统性能瓶颈、整体作业执行情况、硬件错误以及某个作业的失败原因。Chukwa 提供了采集数据的 Agent,由 Agent 采集数据并通过 HTTP 发送给集群的收集器,而收集器将数据存入 Hadoop 中,并定期运行 MapReduce 来分析数据,将结果呈现给用户。Chukwa 架构如图 5-8 所示。

Nagios 是一款高效的开源的网络监视工具,能有效监控 Windows、Linux 和 Unix 主机的状态、网络服务等。Nagios 支持自动日志回滚功能,并能够实现对主机的冗余监控,还能够预先定义一些处理程序,使之能够在发生相应故障时及时进行处理。

Ganglia 是一个高性能计算环境中的可扩展分布式监控系统。在 Ganglia 中,XML 作为数据描述方式,XDR 用于数据传输,RRDtool 用于数据展示。Ganglia 被设计用于检测数以千计的节点性能,如 CPU、内存和硬盘的利用率,以及 I/O 负载和网络流量。

(2) 资源调度。

所谓资源调度,指的是在一个特定的环境中根据一定的资源使用规则,对以分布式方式存储的各种资源进行组合,以满足不同资源使用者的需求。

资源调度的原则包括最大化满足用户请求、最大化利用资源、最低化成本、最大化利润率等。根据这些原则,云计算负载均衡调度策略与算法可以分为性能优先和经济优先两类。

① 性能优先。

云计算采用虚拟化技术和大规模的数据中心技术,将分散的资源抽象为资源池,为用户提供基础设施租赁和各种平台服务。数据中心需要对分散的物理设备进行资源整合,以一种屏蔽底层细节的方式向用户提供服务。因此,云计算数据中心面临的首要问题就是共享资源与动态分配管理虚拟资源。系统性能是一种衡量动态资源管理结果的天然指标。优秀的动态资源管理策略与算法能够以最小的开销使得分散的各种资源像一台物理主机一样进行协同工作。系统性能指标通常包括平均响应时间、资源利用率、任务的吞吐率等。在云计算中性能优先主要包括以下三种策略:

a. 先到先服务(first-come-first-service)。该策略可以最大限度地满足单台虚拟机的资源需求。Hadoop 默认采用先到先服务的策略进行任务调度。先到

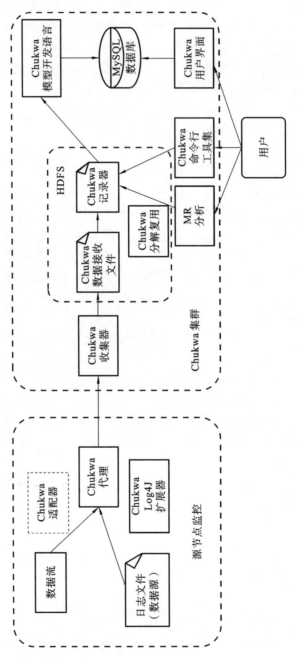

图 5-8 Chukwa架构图

先服务的优点是简单和低开销,所有来自不同用户的任务请求都提交到唯一的一个队列中。它们将根据优先级和提交时间的顺序被扫描,具有最高优先级的第一个任务将被选中进行处理。但是先到先服务策略的缺点是公平性差,在有大量高优先级任务的情况下,那些低优先级任务很少有机会得到处理。

b. 负载均衡。负载均衡策略使所有物理服务器(CPU、内存、网络带宽等)的资源利用率达到平衡。通过对系统资源进行监控并计算当前利用率,将用户分配到资源利用率最低的资源上。该策略能够为用户提供一个较好的服务质量,但是将降低系统资源的利用率。

c. 提高可靠性。该策略保证各资源的可靠性达到指定的具体要求。确保物理设备的可靠性(平均故障时间、平均维修时间等),在物理设备停电、停机、动态迁移的情况下也应确保业务不中断。在一定前提下,尽量减少虚拟机迁移次数,应对虚拟机迁移对可靠性造成的影响进行量化分析。

② 经济优先。

由于云计算系统诞生的初衷就是降低成本,而且公用云及混合云将在一个开放市场中进行商业运营,因此在资源调度问题中使用经济模型是一种解决方法。资源提供者即资源提供商,能够通过提供资源得到相应的收益。在这种情况下,越来越多的分布式资源会汇聚到云计算资源市场中来,可供选择的各类资源就会越来越多。这样,云服务使用者就能获得性价比更高的服务,并且云资源提供商们亦可以获取更大的收益。参考相关文献可知,云计算中经济优先包括以下几种策略:

a. 基于智能优化算法。如基于遗传算法的价格模型。基于遗传算法的价格模型包含三个元素——定义染色体、评估染色体和染色体的选择与繁殖。但此价格模型也存在缺陷:遗传算法的运行效率较低、收敛速度慢、遗传稳定性不太好。

b. 基于经济学定价。它注重最大化长期社会收益目标,该收益等于被执行任务的资源利用率和减去依赖负载的操作成本。其系统模型可以共享计算能力,并且个人用户的任务请求将会被连续提交。当来自不同用户的任务到达后,每个任务会分得一定的服务资源。依据一些资源分配协议,到达的任务必须被处理完成,否则,系统模型将拒绝接受一些即将到达的任务,这些任务将会离开而得不到任何服务。

c. 基于指标调度策略。该策略引入了一个可以在随机需求的情况下预测收益和获得的利用率模型。基于该策略的决策模型的目标是让服务提供者的收益最大化,需要获取的信息包括即将到来的服务请求和服务价格,每一个任务的真实请求和可用能力。收益最大化问题可以归纳为整数规划问题,也是个优化问题,主要分为两类:第一类是作为基准的先到先服务策略(FCFS),即如果还有足够可用的能力,那么任何即将到来的任务都会被接受,属于一个简单类型的系统;第二类是基于价格的策略,即当接入任务将云提供者的最大化收益活动具体化时,会引入一个基于策略的方法,可以实施自治决策过程,尽管随机请求成功的新机制控制模型可以帮助云提供者最大化其收益,但是此模型并未充分考虑价格分布和各种资源请求。

d. 基于博弈论的双向拍卖。通过使用一个二次价格机制实现动态拍卖来解决云计算资源的分配问题。基于该算法,云服务提供商(cloud computing service provider,CCSP)可以确保合理的收益以及高效的资源分配。云服务提供商有两个任务:监测运行时间和向用户分配相应的资源。在决定将多少资源分配给任务后,CCSP 会出售剩余的资源给云用户。二次价格机制的提出是基于密封报价拍卖。当拍卖阶段开始时,用户将他们的报价提交给 CCSP,CCSP 随后收集所有的报价并决定价格。这个机制的主要贡献是开发了一个新颖的云计算资源分配算法,并提出了一个理论框架用于处理云计算框架下的能力分布问题。该机制在直接决策规则前提下能够确保有效的能力分配,并且带给 CCSP 合适的收益,但其缺点是系统效率不高且 CCSP 的收益较低。

5.4 云计算资源调度算法

数据中心是由众多计算机设备与资源组成的资源集中之地,它向这些设备和资源提供能源和维护。数据中心的设备既可能集中在一个地方,也可能分布在不同的地理位置。

数据中心动态分配和管理物理、虚拟资源面临着许多问题与挑战:物理资源如何与虚拟资源高效结合,云计算应用平台资源分布的广泛性、多样性以及用户需求的实时动态变化对资源调度的影响,系统性能和成本因素等。以上问题与挑战都是在实际生活中经常遇到的,所以需要设计高效率的云计算数据中心的任务资源调度算法,以适应和满足不同业务场合的不同需求。

图 5-9 简单阐明了数据中心任务资源调度算法的体系结构,大致流程如下:

① 用户请求:用户通过互联网向数据中心发出任务请求。

② 资源更新:将最新的资源信息反馈给调度中心。

③ 调度管理:根据用户任务请求数量和特性,找到数据中心最佳的资源及合适的调度算法进行任务调度。

④ 任务执行:在可用资源上执行调度任务。

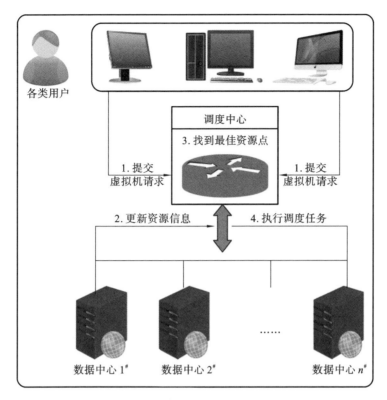

图 5-9　数据中心任务资源调度算法的体系结构

5.4.1　云计算资源调度关键技术

　　调度策略给作业任务分配资源的依据主要是用户提交作业的大小、截止时间、响应时间、执行时间、惩罚率、预算等参数以及提供商的目标等。资源调度策略还决定了作业的执行顺序,其目的主要是提高资源利用率、满足用户的需求以及运行作业的安全要求、实现提供商的目标等。

　　因为数据中心是计算机资源集群的集中之地,需要为满足不同业务需求和达到不同的商业目标而制订一个高效的云计算数据中心分配调度策略。当前企业的大数据中心的资源调度策略主要有先到先服务的资源调度策略、负载均衡和随机选择作业任务进行调度的随机调度等。提供系统性能和服务质量是数据中心的关键技术指标,伴随着大数据时代的迅速发展,数据中心的规模也在不断地扩大,能源消耗对成本和环境的影响也不断增加,因此能源消耗问题也逐渐成为大家关注的焦点。

云计算数据中心资源调度的关键技术有以下几个方面。

(1) 调度中心判断调度优劣的优化目标。该优化目标可以对用户请求的任务实现最优调度,这是资源调度研究中非常重要的一点。用户都希望在最短的时间内获得高效的服务,因此实现最优调度是用户和服务提供商的共同目标。另外,既能保证用户服务的性能又能提升用户体验满意度,满足用户经济需求,尽可能地形成用户与服务提供商双赢局面,不仅是用户权益的保障,也是云计算持续化发展的关键。

(2) 资源调度管理中最上层资源调度策略。该策略可以确定资源调度目的和及时处理资源不足时的需求问题。

(3) 实现最小化执行作业任务时间的调度算法,并在此基础上构建与数据中心基础架构密切相关的调度系统。

5.4.2　云计算资源调度策略

1. 基于负载均衡的资源调度

(1) 负载均衡概述。

负载均衡技术是伴随着集群的出现而产生的,它是集群系统实现技术中的关键部分,影响着集群系统的性能。近年来随着集群系统的发展,对负载均衡技术的研究也在不断发展并趋于完善。随着云计算技术的大范围发展,云计算技术的灵活性和用户数量庞大等特征也给管理(包括用户管理、任务管理、资源管理等)带来了很多问题。因此,必须采取合理而有效的负载均衡的资源调度策略来保证云计算的高性能。

负载均衡(load balance)是建立在现有的网络结构之上,提供一种有效、透明且便宜的,用以扩展网络设备和服务器的带宽、提高网络灵活性、加强网络数据处理能力以及网络可用性的方法。负载均衡有两个方面的含义:一方面,可以将大量数据或者并发访问均匀分担到各个设备,其目的是将用户请求分开处理,缩短云中心响应时间;另一方面,将一个运行时间较长的请求分配到各个节点设备上并行处理,然后将每个节点设备处理的结果进行汇总返回,以提高系统的处理能力。

可以从采用设备对象、应用的网络层和应用的地理结构三个方面,将负载均衡分为软件和硬件负载均衡、本地和全局负载均衡以及网络层次的负载均衡。

① 软件负载均衡和硬件负载均衡。

软件负载均衡是在服务器或服务器群安装适合操作系统的一系列软件来实

现的。软件负载均衡的优点是,这种负载均衡是基于特定环境的,使用灵活且配置简单,成本低廉,可以满足一般的服务器负载需求。它的缺点是,每台服务器都要安装附加软件,相应地就要分配一定的服务器资源,而附加软件越多功能越强大,消耗的资源就越多,因此在服务请求连接较大的时候,软件本身就会影响服务器的性能,如果附加软件的兼容性和扩展性又不够强大,受操作系统的限制,甚至还会引发安全问题。

硬件负载均衡采用负载均衡设备即负载均衡器直接安装在服务器和外部网络之间。因为是由专门设备完成的任务,为独立操作系统,大大提高了整体性能,加之现在负载均衡器越来越多样化和智能化,采用负载均衡器也可以满足负载均衡要求。

② 本地负载均衡和全局负载均衡。

依据负载均衡应用的地理结构将负载均衡分为本地负载均衡和全局负载均衡。顾名思义,本地负载均衡就是对本地服务器群所做的负载均衡,而全局负载均衡就是对不同地理位置、不同部署结构的服务器群间做的负载均衡。

本地服务器群的负载均衡主要作用是解决数量大、网络负载过重的问题,而且也不需要在服务器的高性能配置上花费太多。主要实现过程是对现有设备的利用,避免由于服务器的单点故障造成数据流失,在负载均衡内部的多个策略会根据数据流量来合理分配服务器。

全局负载均衡主要应用于服务器不在同一个区域的情况,如可用于解决全球用户因无法访问离自己最近的服务器而获得最快的访问速度的问题,也可以用于子公司比较分散的大公司的资源统一管理、合理分配。

③ 网络层次的负载均衡。

由于网络分层不同导致网络负载过重的严重程度不同,故根据网络的不同层次(网络七层)来划分负载均衡。其中,第二层负载均衡的实现是将多条物理链接当作单一聚合逻辑链路,网络数据流量由单一聚合逻辑链路中的物理链路共同承担。第四层和第七层均采用现代负载均衡技术。第四层负载均衡的实现是将一个在互联网上合法注册的地址映射成多个虚拟服务器的地址,而每次的连接请求都是动态地使用虚拟出来的地址。第七层负载均衡的实现是采用一种高层控制访问流量的方式来控制应用层服务内容,较适合对服务器群的负载控制,通过检查流经的 HTTP 报文的头部内的信息来执行负载均衡任务。

负载均衡技术的出现解决了集群环境中的负载不均问题。负载均衡的实现,只需要在集群环境中配置一个管理节点,实时监控集群中各服务器任务数,利用负载均衡策略对资源进行合理分配,同时为用户提供优质服务。而负载均衡在实现时需要解决的问题有如下几个:服务器的过载问题、多个并行用户的服务质量问题、用户请求的响应时间问题、突然消除任务导致的热点问题、服务器资源利用率问题和资源的合理分配问题。

（2）负载均衡器。

负载均衡器，是采用某种分配算法把网络请求分散到一个服务器集群中的可用服务器上去，通过管理进入的数据流量，增加有效的网络带宽，从而使网络访问者获得尽可能优质的联网体验的硬件设备。负载均衡器除了独立使用外，有些还可以集成在交换机中，放置在服务器和互联网链接之间，有些则采用两块网络适配器将其集成到主机中。

使用负载均衡器，是为了防止服务器负载不均而出现服务中断故障，一般在服务器升级或者系统维护时使用，选定某台服务器要推出服务时不会再将新用户分配到该服务器，这样可以保证为用户提供不中断的服务。但是云计算平台资源较多、类型繁杂、规模大，且按需供给，如果都采用负载均衡器来保证服务器群的负载，一方面，增加云计算平台的建设费用；另一方面，由于负载均衡器是将负载均衡算法集成，而硬件集成算法有限，不适用于云平台的各类资源调度。因此在云计算平台设计中，必须设计符合云计算面向服务的负载均衡资源调度的软件方式，即需要合理采用负载均衡调度算法机制来保证云资源的动态调度。

（3）负载均衡算法。

因为负载均衡在计算机集群中应用非常广泛，所以有很多解决负载问题的均衡算法，如轮询、全局随机选择、全局和局部扩散及以代理为基础的方法等。最早使用的是静态均衡，一直发展到现在相对复杂但更易于实现的动态均衡。静态负载均衡相对简单，容易实现，但是适应性相对较弱，由于运行前无法准确预测执行时间和任务大小等性能，因此只能依照经验来评估，故它对静态划分的误差很大。相对地，动态负载虽然便于实现，但是要比静态负载难。动态均衡可以根据节点负载在运行过程中动态调整各个节点的任务数，也可以根据各个节点的响应时间和负载情况进行动态调整，使集群资源能够得到最大化利用，因此在实际应用中负载均衡的实现均采用动态负载均衡。

（4）负载均衡调度策略中的主要调度算法。

① 轮询算法（round-robin schedule）。

轮询算法是所有均衡算法中最简单的一种算法。该算法的核心思想是采用轮询的方式，将服务请求依次调度到不同的服务器上，假设有 n 台服务器，第 i 次调度到的服务器的编号是 $(i+1)$ 对 n 取模的值，依次进行循环选择。该算法简单，易理解，不需要记录服务器当前的所有连接数和连接状态。

因为轮询算法是一种无状态均衡，所以其实现不需要考虑当前服务器的连接状态和数量。当请求服务处理时间间隔较大的时候，请求服务等待时间较长，换句话说,服务器响应时间较长,就会导致服务器间的负载不均衡,所以轮询算法只适用于所有服务器的处理性能相同或者差异不大,且用户的服务请求相对均衡的情况。

② 加权轮询算法(weighted round-robin schedule)。

轮询算法虽然是最简单的算法,但是却不适用于现实生活,因为在算法的实现过程中并没有考虑服务器不同的配置和软件,导致其处理性能也不一样。鉴于此,有学者便在轮询算法的基础上进行算法优化,提出了加权轮询算法。

加权轮询算法的核心是对不同处理能力的服务器分配不同的权值,对用户的服务请求也分配一个权值,资源调度的时候只需要给服务器分配相应权值的服务请求便可。

加权轮询算法在现实应用中比较常见,是因为它考虑了服务器的性能差异,能够依据性能差异分配不同的服务请求,提高了高性能服务器的资源利用率,又避免了低性能服务器的负载过重问题。

③ 目标地址散列算法(destination hashing schedule)。

目标地址散列算法是一种静态映射算法,其核心思想是对目标地址的负载均衡,通过一个散列函数(Hash Function)将目标地址映射到服务器。

目标地址散列算法的实现是先将请求的目标 IP 地址作为散列键(hash key),然后从静态分配的散列表中找出对应的服务器。如果当前服务器没有超载而且是可用的,就为用户请求选择该服务器,否则返回空值。

④ 源地址散列算法(source hashing schedule)。

源地址散列算法与目标地址散列算法相反,该算法的核心思想是将用户请求的源 IP 地址作为散列键(hash key),然后通过静态分配的散列表查找对应的服务器,如果当前服务器没有超载而且可用,那么就选择该服务器,否则返回空值。

在实际应用中,可以在防火墙集群中结合使用目标地址散列算法和源地址散列算法,因为目标地址散列算法和源地址散列算法的结合保证了整个系统的出入口。

⑤ 最小连接算法(least-connection schedule)。

最小连接算法是一种动态调度算法,该算法的核心是实时记录当前服务器活跃的连接数量,以此数量来预估服务器的负载情况,然后把连接数量最小的服务器分配给当前用户的连接请求。该算法中需要一个调度器来实时记录各服务器已经建立的连接数,当有用户请求连接,调度到某个服务器时,该服务器连接数就加 1;当用户中止连接或者连接超时时,该服务器的连接数就减 1。

该算法较好地解决了服务器性能差异不大的负载均衡问题。在服务器性能相近时,该算法会将负载变化较大的请求平均地分布到各个服务器,这样不会在同一个服务器上分布多个处理时间较长的请求,不会造成资源浪费,也避免了因此造成的系统不均衡。但是当服务器性能差异较大时该算法并不理想,因为 TCP 连接处理请求后会进入 TIME_WAIT 状态,TCP 的 TIME_WAIT 时间一般为 2 min,此时连接依然占用着服务器的资源,就会出现这样的情形:性能高的服务器已经处理完所收到的连接,连接处于 TIME_WAIT 状态,而性能低的服务器正在忙着处理所接收的连接,并且还在不断地收到新的连接请求。

⑥ 加权最小连接算法(weighted least-connection schedule)。

该算法是最小连接算法的超集,各个服务器用相应的权值表示其处理性能。服务器的缺省值为 1,系统管理员可以动态地设置服务器的权值。加权最小连接调度在调度新连接时尽可能使服务器的已建立连接数和其权值成比例。

在服务器性能差异较大的集群系统中,采用"加权最小连接"调度器来进行负载均衡性能优化,权值较高的服务器所承受的活动连接负载比例就较大。调度器也可以自动查询服务器的负载情况,并通过算法自动调整权值。

⑦ 基于局部性的最小连接算法(locality-based least connections schedule)。

基于局部性的最小连接算法是针对目标地址的负载均衡,目前主要用于 Cache 集群系统。该算法根据请求的目标地址找出该目标地址最近使用的服务器,若该服务器是可用的且没有超载,则将请求发送到该服务器;若服务器不存在,或者该服务器超载且有服务器的工作负载未超过其额定负载的一半,则用"最小连接"的原则选出一个可用的服务器,将请求发送到该服务器。

2. 基于能耗感知的资源调度

(1) 能耗感知概述。

近年来,以云计算、移动物联网和大数据为主要代表的新信息技术的发展使得云计算平台的用户规模越来越庞大,大量用户的信息处理要求使得云计算平台数据中心正处在一个高速建设期。云计算平台在面对海量信息处理时,由于传统资源调度方式的不合理容易导致其能耗过高,从而造成运营成本的增长,运营商不得不面临高能耗、高成本的严峻问题。以降低云计算平台数据中心整体能耗成本为目标,现将从能耗感知资源管理和调度两个方面进行介绍。

(2) 能耗感知资源管理方法。

在能耗感知管理算法研究中,动态电压频率调整(DVFS)和动态电源管理(DPM)技术是最常见的能耗感知资源管理方法,它们通过对系统资源的供应电压、时钟频率和低能耗状态的转换或直接开启关闭的控制来降低计算机系统的能量消耗。

① 动态电压频率调整(DVFS)。

DVFS 是根据组件工作状态调整资源能耗的有效方式,主要用来控制处理单元的动态能耗,因为 CMOS 电路供应电压的降低会导致资源能耗下降: $p_m = p_d + p_s = C_L V^2 f + I_q V$,其中 p_m 是计算能耗,p_d 是动态能耗,p_s 是静态能耗,C_L 是负载电容,V 是供应电压,f 是时钟频率,I_q 是泄漏电流。能耗是单位时间的能量消耗(能耗)值,一般电压和频率的降低是以任务执行时间的延长为代价的。因此,现有 DVFS 技术的实施主要是利用通信、内存访问、I/O 延迟以及负载不均衡等阶段调整处理单元的电压频率,既保证能耗降低,又保证调度性能的降低程度最小或不降低。

学术界关于 DVFS 技术的研究主要分为三大类:

第一类是手工 DVFS 调节,根据应用程序分析(application profiling)的粒度不同,其分为粗粒度手工调节和细粒度手工调节。粗粒度调节方法记录整个程序在每个电压频率对的执行时间,选择满足性能约束的最低电压频率执行程序。细粒度调节方法研究程序代码的结构,根据每个子程序的执行时间和执行次数确定其执行频率。

第二类是基于编译器分析的 DVFS,其适用于系统频率变化范围大和程序结构复杂的大规模情况(如气候模拟)。将编译器技术(如控制流图分析)应用到电压频率的选择过程中,能极大地减少频率设置的时间成本,该方法依赖程序输入。

第三类是自适应实时系统,其实现了对终端用户的完全透明,保证了程序分析的前后一致性。利用动态编译器来实时监控串行代码中的内存访问延迟,如Linux 提供的基于时间间隔(internal)的 DVFS 调度器 CPU Speed 就是根据上一时间间隔的 CPU 利用率调整 CPU 的能耗/性能模型。

不管是离线(offline)、基于追踪(trace)的静态方法还是在线(online)的动态方法,DVFS 都需要两个步骤完成。首先是寻找调节电压频率的分界点,通常有三种分界方法:任务分界法(inter-task)、时间间隔法(time-internal)和检查点方法(check point)。任务分界法和检查点方法分别根据程序的结构(任务依赖关系)和运行特征(计算块、通信块、内存访问块)进行分割。时间间隔法简单按照固定的时间长度划分整个执行时间,动态 DVFS 通常采用时间间隔法。其次是为每个阶段确定执行频率,执行频率的确定通常可从系统性能(如 CPU 利用率、MIPS 度量等)分析和负载特征预测两个方面入手。

② 动态电源管理(DPM)。

DPM 主要通过调整空闲机器组件的状态来降低机器能耗。当资源空闲时将其关闭或休眠(休眠作为典型的低能耗状态,可具有不同的层次);当应用或系统请求该资源时,再将其打开或唤醒。DPM 主要针对由泄漏电流引起的静态能耗。

实施 DPM 技术具有一定的前提。首先,工作负载是要不断变化的,这样才会存在资源组件的空闲期;其次,工作负载的起伏是可以预测的,能够确定什么时间可以改变组件的状态;最后,观察和预测工作负载不能消耗巨大的能量,否则 DPM 技术实施便失去了意义。然而,DPM 技术实施的状态转换成本一般是不可忽略的,包括时间延迟、能量消耗、成本损耗等。因此,执行 DPM 节省的成本(时间、能耗)至少要与转换成本相互抵消。

按照实施的粒度,DPM 技术一般分为粗粒度 DPM 和细粒度 DPM。粗粒度 DPM 是指对给定应用事先决定其所需要的处理单元数目,不考虑具体执行过程中处理单元的状态转换。细粒度 DPM 指的是考虑任务具体执行过程中某时间段内资源的状态转换。如果某时间段内资源的预测空闲时间较长,可将该资源在该时间段内关闭或休眠以减少静态能耗。

目前,DPM 技术具有多种物理实现方法,最常见的有定时器(timer)、硬连线的控制器(hard-wired controller)、软件常规控制(software routine)方法等,其中定时器是最简单也是使用最广泛的方法。

(3) 基于能耗感知的调度算法。

作为以系统为中心的调度,时限约束能耗优化调度和性能优化的能耗有效调度是能耗感知调度算法的代表性研究成果。

① 时限约束调度。

能耗感知的时限约束调度提出了单处理器上独立任务基于 DVFS 技术的能耗优化调度在线算法 AVR(average rate)、OA(optimal available),后来扩展到支持离散电压和树结构应用。扩展的 AVR 算法使其支持休眠状态,较早综合使用了 DVFS 和 DPM 技术;基于 OA 算法,提出了 OAT(optimal available, at most T)算法,它考虑了系统超载和最大电压限制。

上述算法主要是针对独立任务在单处理器上的时限调度。而在针对多处理器系统时,能耗感知的独立任务时限调度可按周期性、非周期性任务或同构、异构系统进行分类。现有研究大多数是针对同构系统,近年来也逐渐有一些研究开始基于 DVFS 技术对异构系统面向周期性实时任务提出相应的解决方案。

对能耗感知的依赖任务时限调度,主要思想是在满足时限约束的前提下最小化应用的能耗值。首先根据参数最早开始时间和最迟完成时间确定任务优先级,然后根据各处理器可用时间与任务就绪时间的关系实现任务分配,最后将电压扩展形式化为整数线性规划问题。为了适用于能耗感知的依赖任务,在其基础上引入通信忽略参数 $K \in (0.1, 10)$。K 值越小,算法对通信成本越敏感,K 值很大时,算法不考虑通信能耗。设定好 K 值后,把当前任务映射到某处理单元,如果增加的通信量大于平均通信量与 K 值的积,则更改映射。K 的最优取值与具体任务图相关,可通过实验多次确定;为解决现有依赖任务调度算法只能在单处理器执行的限制,提出求解最佳处理单元数目的算法,通过和粗粒度 DPM 技术结合使用,实现了处理机数目和时钟频率的有效平衡。作为静态能耗的典型工作,在使用二分查找和线性查找方式确定处理机数目时,处理机数目的上下界范围过宽容易增加算法执行时间和复杂度。

② 能耗有效调度。

不同于实时系统、嵌入式系统和无线传感器网络,大规模计算领域的能耗感知调度一般要求在性能不降低的情况下减少能耗值,称作能耗有效调度。如同构系统下的 EAD(energy-aware duplication)算法和 PEBD(performance-energy balanced duplication)算法、异构系统下的 EETDS(energy-efficient task duplication scheduling)算法和 HEADUS(heterogeneous energy-aware duplication scheduling)算法,以及异构系统下基于 DVFS 的能耗优化调度 ECS(energy-conscious scheduling)算法都是能耗有效依赖任务调度的典型代表。

3. 提高资源利用率的调度策略

(1) 利用率最大化的云资源调度模型。

云计算环境下的云资源具有高度的动态性和异构性,为此,在云资源调度的过程中,应借鉴经济学领域中的成本利用率和边际成本概念,不断对当前周期和上一周期内的利用率变化情况进行搜索,实时发现云资源利用率达到最大时的平衡点,并通过云资源利用率最大时对应的参数,指导当前的云资源调度。

以 LYL 表示利用率,当前用户从云资源中获得一定的云服务时,此时服务器上的云资源的占用比就是云资源的利用率。利用率的大小,是在服务器上云资源在以往提供利用率的基础上制定的,这是服务器为了保证云计算服务质量而对云资源利用率进行了限制。通常情况下,云资源的利用率在服务器提供云计算服务时就确定下来了,云资源利用率的稳定性也保证了用户使用云计算服务时的稳定性。不同的云计算资源保持不同的利用率才能满足不同用户对云计算服务的需求,因此,设置云资源提供的服务(FW)能够用集合的形式进行描述:

$$FW = \{FW_1, FW_2, \cdots, FW_n\} \tag{1}$$

其中,FW_i 为云资源提供的每一项云计算服务。针对云资源提供的各种服务,被用户使用的次数(CS)构成的集合能够用下述公式进行描述:

$$CS = \{CS_1, CS_2, \cdots, CS_i, \cdots, CS_n\} \tag{2}$$

其中,CS_i 为用户使用每一项云计算服务的次数,$i = 1, 2, \cdots, n$。每一种服务都有一个对应的利用率,则云资源利用率的集合能够用下述公式进行描述:

$$LYL = \{LYL_1, LYL_2, \cdots, LYL_i, \cdots, LYL_n\} \tag{3}$$

设置利用率 SLY_z 为一段时期内总的利用率之和,则总利用率的计算公式为

$$SLY_z = \sum_{i=1}^{n} CS_i \cdot LYL_i \tag{4}$$

成本(CB)是客户使用云资源付出的代价,云资源为客户提供的服务集合 FW_i 中,每一项服务对应的成本能够用 CB_i 进行描述,则所有服务的成本集合能够用下述公式进行描述:

$$CB = \{CB_1, CB_2, \cdots, CB_i, \cdots, CB_n\} \tag{5}$$

其中,$i = 1, 2, \cdots, n$。由式(2)和式(5)能够得到下述公式:

$$CB_z = \sum_{i=1}^{n} CS_i \cdot CB_i \tag{6}$$

其中,CB_z 为客户使用云资源的总成本;$i = 1, 2, \cdots, n$。

根据利用率和成本这两个参数,能够得到云资源的实际利用率(SLYL)

$$SLYL = LYL_z - CB_z \tag{7}$$

最大利用率与成本服务数量和资源的数量都有着密切的关系,在改进算法中,用虚拟机的数量(VM)描述服务的数目和云资源的数量。通常情况下,利用率会随着用户数量的增加而增加,但是这种变化趋势不是线性关系。云资源利用率受边际利用率(BJLYL)和边际成本(BJCB)这两个因素的影响最大,这两个因素能够用下述公式进行描述:

$$BJLYL = \frac{dLYL}{dVM}, \quad BJCB = \frac{dCB}{dVM} \tag{8}$$

从式(8)可知,边际成本就是促使云资源提供一个单位的服务需要增加的成本,所以,边际利用率则是云资源利用率与虚拟机数量的导数。

(2)利用率最大化的云资源调度的实现。

云资源利用率的变化曲线可以用图 5-10 进行描述。从图 5-10 可知,要使云资源利用率最大,需要让边际利用率与边际成本满足下述关系:

$$BJLYL = BJCB \tag{9}$$

如图 5-10 所示,首先,确定一个云资源利用率保持平衡的初始位置,如果云计算环境中用户的数量上升,则云资源的总利用率就会上升,对应的利用率曲线也会升高。与此同时,虚拟机的数量也会增加。因此,边际成本与边际利用率的平衡位置就会移到右侧的 $BJCB_1$ 点,对应地,利用率会从 LYL_0 增加到 LYL_1,

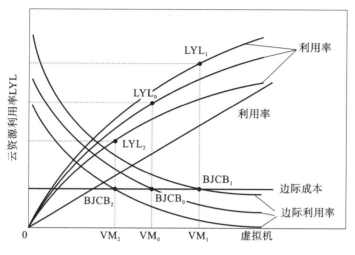

图 5-10　云资源利用率的变化曲线

虚拟机的数目将由 VM_0 增加到 VM_1，如果此时用户对服务的要求减少，总的利用率就会降低，对应的利用率曲线就会下降，虚拟机的数量也会降低，此时，边际成本与边际利用率的平衡点将会向左移动到 $BJCB_2$ 的位置，对应的利用率将由 LYL_1 降至 LYL_2，虚拟机的数目也将由 VM_1 降低到 VM_2。由此可见，云资源最大利用率的平衡点会随着用户数量的变化呈现出动态变化，与之对应的云资源调度方案也将按动态平衡点的变化进行调整。

由上述原理可知，基于利用率最大化的云资源调度方法实现的具体过程如下：

① 分别将上一周期内的虚拟机数量、成本、边际成本、云资源利用率，以及本周期内的虚拟机数量、成本、边际成本、云资源利用率等参数储存在对应的寄存器中。

② 执行云资源的调度程序，将当前周期与上一周期内的成本变化与利用率变化的数值进行比较。

③ 根据比较结果确定边际利用率与边际成本之间的关系，假如 BJLYL＞BJCB，则增加虚拟机的数目，并重新对边际利用率与边际成本进行比较；假设 BJLYL＜BJCB，则降低虚拟机的数目，并重新对边际利用率与边际成本的数值进行比较。

④ 对边际利用率与边际成本之间的差值进行计算，若差值大于预设阈值 T，则重复执行过程③；若差值小于预设阈值 T，则可认为到达新的最大利用率的平衡点。

⑤ 用此时对应的参数指导云资源的调度。

5.4.3　云计算资源调度的特点

云计算网络中节点的异构性和复杂性,以及用户需求的各异性,使得云计算资源调度模式不同于网格计算等模式,它具有以下特点:

(1)资源环境配置差异大。不同资源池的设施配置相差较大,有的可能是性能较高的集群,有的可能是比较大的服务器,有的可能是普通机或者是由硬件资源上虚拟机环境组成的。而不同的资源环境对应的计算能力、存储能力都有很大的不同。

(2)云计算资源调度是面向异构平台、大规模和非集中式的,所以在异构平台上以分布并行的方式对资源任务进行调度。

(3)调度策略具有约束性。调度域由一个或者多个物理服务器、集群组成,调度系统的某些自动调度(如负载均衡、最大利用率等)只可能发生在一个调度域内。跨区域的调度也是存在的,在一定条件下还是很重要的,但是管理起来却不是那么方便。

(4)优化目标要考虑服务需求和所消耗云资源的双赢问题。

(5)可扩展性和动态适应性。在云计算的规模不断扩大、应用不断增长的情况下,云资源调度要具有可扩展性。当用户的需求与资源规格不一致时,资源调度就要适应这种动态性。

5.5　本章小结

本章主要介绍了云计算环境中的资源调度管理,首先介绍了云计算数据中心,包括数据中心的概念、数据中心分类、数据中心网络部署等。接着从云计算资源管理的目标和关键技术方面介绍了资源管理的一些核心概念。然后着重介绍了云计算资源调度策略,分别对云计算资源调度的关键技术、调度策略和调度的特点进行阐述,其中着重阐述了基于负载均衡、基于能耗感知以及提高资源利用率的资源调度策略。

6 云计算开发实例

6.1 面向大数据集的粗粒度并行聚类算法研究

6.1.1 引言

随着大数据时代的到来,传统的数据挖掘方法将面临极大的挑战。聚类算法作为传统数据挖掘中一种重要的数据分析方法,在模式识别、图像处理等许多领域得到广泛运用。聚类算法是根据数据最合适的特征,对数据进行类簇划分,使同一类簇数据之间具有较高的相似度,不同类簇之间的相似度较低。但是传统的串行聚类算法面对大规模数据时,均存在效率低下、聚类时间长、聚类效果差等问题。通过并行化聚类算法来改善在大数据集下的运行效率成为众多学者研究的问题。

6.1.2 相关研究

常见的并行优化策略有消息传递接口(message passing interface,MPI)、并行虚拟机(parallel virtual machine,PVM)、P-Thread(POSIX thread)、云计算等。这些方法虽然提高了在大数据集环境下的聚类效率,但是仍然存在很多不足之处。例如:PVM 需要运行在高性能计算机上,昂贵的硬件设备会增加使用成本;MPI 并行编程模型十分复杂,研究人员需要熟悉并行模型的底层配置和细节,开发难度较大。同时,上述方案仅实现了算法的并行化,缺乏对算法的抗噪性等方面的优化,忽略了计算节点之间的带宽和通信消耗,影响了总体计算效率和聚类的准确性。

近年来,随着神经生理学的发展和计算机辅助解剖学的发展,模拟人眼感知功能的视觉聚类成为新型的聚类方法。其核心思想是将数据集合抽象成图像，将每个数据视作一个光点，通过减小分辨率来模糊化图像，使数据相互融合，成为更大的光斑，类似人眼观察远近事物一样发现数据的不同结构，实现聚类。此类方法可以有效地识别任意结构的数据集，聚类准确度高，但是存在算法复杂程度高、实现难度大等问题。

面向大数据集粗粒度并行聚类算法研究是在已有研究的基础上，结合视觉聚类的核心思想提出了基于粗粒度聚类单元策略 CGU（coarse-grained clustering unit strategy）的并行化 PAM 聚类算法，主要工作如下：

（1）分析并实现了并行化 PAM 算法，并在算法中加入了优化初始类簇中心方法，改善了算法的聚类质量，减少了算法的聚类时间，提高了运行效率。

（2）减少算法的通信消耗，进一步提高算法性能，算法模型在设计上采用了节点本地存储数据策略、节点间仅传输少量数据等方法，尽可能地减少通信消耗。

（3）通过 CGU 策略模拟视觉聚类来减少数据集的复杂程度和噪声数据，改善了 PAM 算法的伸缩性和抗噪性，使其能适应更大规模的数据集。

6.1.3　相关定义

为了更好地介绍算法内容，我们首先需要了解几个相关的定义：

定义 1　数据集合 D：数据集合 D 记为 $D_{N \times P} = \{x_i\}$，其中 N 表示集合中对象 x_i 的数目，P 表示集合 D 中对象 x_i 的属性数目。

定义 2　类簇中心集合 S：类簇中心集合 S 记为 $S = \{C_i \mid i = 1, \cdots, k\}$，其中 C_i 表示类簇中心，k 表示类簇的数目。

定义 3　类簇集合 $O(C_i)$：类簇集合 $O(C_i)$ 定义为以 C_i 为类簇中心所形成的类簇集合，其中 $C_i \in S$。

定义 4　距离：数据集合 D 中的任意数据 x_i、y_i 之间的距离，用欧式距离计算，表示为 $d(x_i, y_i)$。

定义 5　代价函数：代价函数定义为类簇中每个对象与对应类簇中心距离的总和，记为 SSE，且 $\text{SSE} = \sum\limits_{i=1}^{k} \sum\limits_{x_i \in O(C_i)} d(x_i, C_i)$。

定义 6　增量：增量定义为类簇中心集合 S 中的任意对象 C_i 被数据集合 D 中的数据 x_i 替换，所产生的代价函数值的变化，记为 $P(x_i, C_i)$，且 $P(x_i, C_i) = \text{SSE}_{C_i} - \text{SSE}_{x_i}$，其中 SSE_{C_i} 表示 C_i 作为类簇中心时的代价函数值，SSE_{x_i} 表示 x_i 替换 C_i 后的代价函数值。

定义 7　邻距矩阵 M：邻距矩阵 M 是个 $N \times N$ 的矩阵，其中 N 表示数据集合

D 中的数据总数,矩阵每一行表示集合 D 中任意数据 x_i 与其他数据之间的距离。

定义 8 粒度变量 Gra:粒度变量 Gra 定义为数据原点融合半径,且 Gra $=$ $\lambda \dfrac{2}{n(n-1)} \sum\limits_{i=1}^{n-1} \sum\limits_{j=i+1}^{n} d(x_i, y_j)$,其中 λ 的取值范围为 $0 \sim 1$。

定义 9 粒度类簇 $Q(y_i)$:粒度类簇定义为原点融合所形成的类簇,其中 y_i 表示类簇中原点数据的均值。

定义 10 粒度级别 Ran(y_i):粒度级别定义为数据单元细化程度,number 指粒度类簇 $Q(y_i)$ 中的原点数目,且 Ran$(y_i)=$number$\{Q(y_i)\}$,其中 y_i 表示类簇中原点数据的均值。

6.1.4 算法分析

PAM 算法是最早提出来解决中心点聚类问题的算法之一,中心点聚类问题就是寻求 k 个中心点最优解的问题,属于 NP(non-deterministic polynomial-time)困难问题。PAM 算法运用了枚举法的思想,核心思路是通过每个非中心数据轮流作为中心数据来寻找最优的方案。传统 PAM 算法的基本步骤如下:

第 1 步:从数据集合 D 中随机选择 k 个数据作为类簇中心,得到类簇中心集合 S。

第 2 步:从集合 S 中随机选择某个从未标记的类簇中心 C_i,标记它。

第 3 步:从数据集合 D 中选择从未标记的某非中心数据 x_i,标记它。

第 4 步:计算集合 D 中所有非中心数据与类簇中心的距离,根据距离划分初始类簇,得到类簇集合 $O(C_i)$,计算当前代价函数 SSE 的值。

第 5 步:用标记的 x_i 替换标记的类簇中心 C_i,形成新的类簇中心集合 S,重复第 4 步得到变化后的代价 SSE_{x_i},计算增量 $P(x_i, C_i)$。

第 6 步:重复第 3 步到第 5 步的过程直到所有非中心数据均被标记。

第 7 步:重复第 2 步到第 6 步的过程直到所有类簇中心均被标记。

第 8 步:选择所有增量中值为负且绝对值最大的 $P(x_i, C_i)$,用数据 x_i 替换对应的 C_i 成为新的类簇中心。

第 9 步:直到所有增量 $P(x_i, C_i)$ 值均为正,结束算法。

6.1.5 算法设计方案

(1) 粗粒度聚类单元策略。

粒度原是指数据仓库的数据单位中保存数据的细化或综合程度的级别。本模型提出的是对聚类数据基本单元进行划分形成的粒度,数据单元细化程度越高,粒度级别就越低;相反,细化程度越低,粒度级别就越高。CGU 策略根据视觉聚类的核心思想,采用基于密度的粒度变量作为融合半径来简化数据集,通过调整粒度变量的参数,可以形成不同粒度级别的数据集,帮助算法适应更大规模、更多属性的数据集,减少噪声数据。基本思想如下:根据粒度变量 Gra 对比数据集合 D 中任意数据之间的距离 $d(x_i, y_i)$,将距离小于 Gra 且相邻的数据融合形成数据类簇(即减小分辨率,融合数据),用数据类簇均值代表该类簇,根据粒度级别选择聚类初始中心并剔除噪声点。例如:通过对比,点对 (x_1, x_2)、(x_2, x_3)、(x_3, x_4) 的距离均小于粒度变量 Gra,且这些点之间彼此是相邻的,则它们划分为同一数据类簇,计算其均值代表此类簇。

CGU 策略的具体实施步骤如下:

第 1 步:初始化粒度变量 Gra,同时将计算数据集合 D 中的数据存储到邻距矩阵 $\boldsymbol{M}$ 中。

第 2 步:根据粒度变量划分矩阵 $\boldsymbol{M}$ 中的数据,融合数据原点,形成数据类簇 $Q(y_i)$。

第 3 步:计算数据类簇中数据均值 y_i,根据每个数据类簇的粒度级别 $\mathrm{Ran}(y_i)$ 排序。

第 4 步:根据排序结果,选择前 k 个级别最高的类簇作为算法的初始中心。

第 5 步:删除粒度级别为 1 的噪声点,输出新的数据集。

本策略的目标是不仅要减小数据集的规模,也要保持原有数据的特征。数据集减小程度太深会损失原有数据的特征,而特征保持得越完整,数据集的规模就越接近原有数据集。经过反复的实验测试,当粒度变量 Gra 中的 λ 参数在区间 $[0.45, 0.65]$ 取值时,两者能达到较好的平衡,如图 6-1 所示。

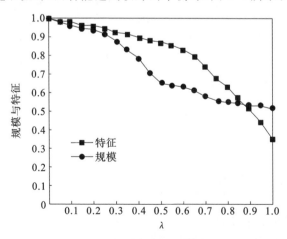

图 6-1 特征与规模

（2）算法设计思路。

根据传统 PAM 的算法步骤,在第 2 步中,当某个类簇中心被标记后,后面的第 3 步到第 6 步均是围绕这一中心进行迭代的过程,易得知不同类簇中心被标记替换的过程彼此之间是相互独立的。同时算法第 3 步到第 6 步也表明,在不同非中心数据替换同一类簇中心的过程中,每个被标记的非中心数据并不影响后一个被标记的非中心数据的替换过程;同样,不同的非中心数据替换同一个类簇中心的过程也是相互独立的。因此,本算法 Hadoop 并行化的设计思路将围绕这两个过程进行,具体思路如下:

每个 Map 函数执行非中心数据替换类簇中心的过程,计算出非中心数据替换类簇中心后的总增量 $P(x_i, C_i)$,将这些 $P(x_i, C_i)$ 传输给 Reduce 函数进行规约,根据 $P(x_i, C_i)$ 的值选择新的类簇中心,直到算法结束。算法主要流程如图 6-2 所示。

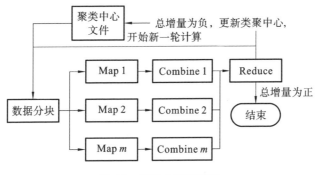

图 6-2　算法主要流程图

鉴于常见模型中均存在通信消耗较高、效率低下等问题,本模型采用了如下的改进措施:

① 为了提高效率,将数据集划分成 n/m 份数据(m 为 Map 节点的总数目),每个 Map 节点仅执行 1 份数据的计算过程,这些数据均存储在本地节点。

② 为了减少 Map 函数与 Reduce 函数之间的通信消耗,加入了 Combine 函数,此函数能减少中间数据的数目。

（3）具体设计。

下文将具体阐述 Map 函数、Combine 函数和 Reduce 函数的设计,三个函数中均包含初始化和迭代两个模块设计。

① Map 函数设计。

Map 函数以类簇中心集合 S 和代价函数 SSE 的值作为输入。函数输入标记设置为 <id,SSE>(其中 id 为类簇中心的下标)。函数会根据 SSE 的值来执行不同的功能模块。当 SSE 为 0 时(即第一次运行算法),调用初始化模块。该模块将根据与类簇中心的距离划分类簇集合 $O(C_i)$,计算出到中心的距离总和 SSE。当 SSE 非 0 时,调用迭代模块,该模块执行非中心数据替换当前的类簇中心过程,计算对应的增量 $P(x_i, C_i)$。函数输出的标记设置为 <id, value>。初始模块输出的 id 是由非中心数据的下标与所属的类簇中心下标组成的字符串,value 是非中心数据到所属类簇中心的距离。迭代模块输出的 id 是由非中心数据的下标与所替换的类簇中心下标组成的字符串,value 表示的是替换所产生的增量 $P(x_i, C_i)$。

② Combine 函数设计。

Combine 函数是对 Map 函数输出的数据进行合并。函数输入标记设置为 <id, value>。在初始化模块中,该函数合并 Map 函数输出的 value 值,减少了中间数据的传输。而迭代模块则是删除输入的 value 值中大于 0 的数据,仅保留值为负且绝对值最大的 value 值。若输入的 value 值均为正,则输出 value 中最小的值。函数输出标记设置为 <id′, value′>。标记定义与 Map 函数一致。

③ Reduce 函数设计。

Reduce 函数主要功能是对数据进行规约汇总。函数输入标记设置为 <id, value>。在初始化模块中,该函数根据 Combine 函数的输出结果计算出当前类簇中心下的代价函数 SSE 的值。迭代模块则是根据每个 Combine 函数输出的 value 值,选择对应增量 $P(x_i, C_i)$ 中值为负且绝对值最大所对应的 x_i 作为新的类簇中心,然后计算出新类簇中心下的代价函数值 SSE_{x_i} 进行新一轮迭代。若 value 值均为正,则结束算法。函数输出标记设置为 <id, SSE>,定义与 Map 函数输入标记一致。

6.1.6 实验环境与结果分析

(1) 实验环境。

本实验采用一台高性能 PC 作为 JobTracker,用一台高性能服务器来构建 TaskTracker,从而搭建 Hadoop 平台。平台配置如表 6-1 所示。

本实验选择 UCI 标准集中的 Bag of Words、Covertype、EI Nino 三个大数据集测试算法准确性。其余实验均采用城市隧道监控数据,该数据总共有 405291 条,维度 36 维,总容量 20GB。对其中异常数据处理后,构造了 0.5GB、1GB、2GB、4GB、8GB、16GB 6 个不同的实验数据集。在实验中,将采用加速比、效率、扩展率和数据伸缩率作为评判标准。

表 6-1　　　　　　　　　　　　　　平台配置表

名称	CPU	内存	硬盘	操作系统	运行环境
PC	i5-3337U	8 GB DDR3	1TB	Ubuntu 12.04	Hadoop-2.2.0 Eclipse 4.3.2
服务器	Xeon E5-2609 * 2	16 GB ECC	SAS 500 GB * 3 Raid5	Windows sever 2008 r2/Ubuntu 12.04	Hadoop-2.2.0 Eclipse 4.3.2

（2）结果分析。

① 算法准确性。

本实验验证 CGU 策略对 PAM 算法准确性的影响,因为计算时间较长,每个数据集随机进行 10 次实验,实验结果如表 6-2 所示。实验结果表明,CGU 策略对算法的准确性影响较小。

表 6-2　　　　　　　　　CGU 策略准确性实验结果

CGU 采用情况	平均准确率（10 次）		
	Bag of Words	Covertype	EI Nino
未采用 CGU	0.8734076385	0.9353078952	0.9071556038
采用 CGU	0.8564113412	0.9262333333	0.8964098364

② 算法的运行时间。

实验结果如图 6-3 和图 6-4 所示,图中 1 map、2 map、…、8 map 分别表示采用了 1、2、…、8 个节点来执行 map 任务。对比两图可以发现 CGU 策略使算法的计算时间大幅度减少,这是因为经过策略的优化,数据集中的数据比原数据要少,每个节点计算的负载减小,同时也相应地减少了算法的调度、通信消耗,所以

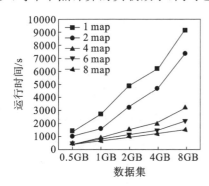

图 6-3　未采用 CGU 策略算法的运行时间

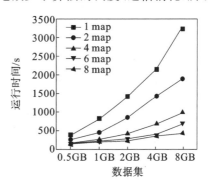

图 6-4　采用 CGU 策略算法的运行时间

当节点数相同时,不同数据集之间的运行时间差也大幅度减少。这说明 CGU 策略从数据集优化的角度有效地减少了算法的运行时间,提高了算法的计算性能。

③ 加速比与效率。

加速比是指同一任务的单节点运行时间与多节点运行时间的比率;效率是指多节点的加速比中,每个节点所占的比率。它们用来衡量算法的整体性能,当效率大于 0.5 时可认为达到了很好的性能。本实验选用 0.5GB、1GB、2GB、4GB、8GB、16GB 6 个数据集。图 6-5 和图 6-7 是未采用 CGU 策略 PAM 算法的加速比和效率,图 6-6 和图 6-8 是采用 CGU 策略 PAM 算法的加速比和效率。

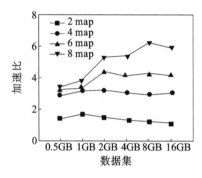

图 6-5 未采用 CGU 策略算法的加速比

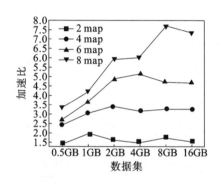

图 6-6 采用 CGU 策略算法的加速比

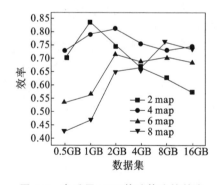

图 6-7 未采用 CGU 策略算法的效率

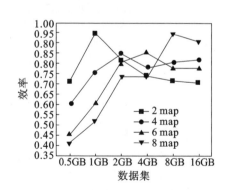

图 6-8 采用 CGU 策略算法的效率

理论上讲,加速比应随着节点数的增加而线性地增长,效率应保持 1 不变。但在实际情况中,存在通信、管理上的额外时间消耗,加速比并非线性增长。从图 6-5 和图 6-7 可以看出,随着节点数的增加,同一数据集下的加速比与效率均得到了增长,这说明 PAM 算法具有良好的并行性能。

对比图 6-5 和图 6-6 会发现,采用 CGU 策略后,在计算 0.5GB、1GB 等小数据集时,图 6-5 中的多节点加速比在大数据集(≥2GB)上比图 6-6 中小,这是因为策略优化数据集后,多节点的计算能力相比图 6-6 没有得到发挥,同时多节点的调度、通信时间所占比例增大,所以多节点在小数据集上的加速比不高。而在计算 2GB、4GB 等数据集时,数据的增多使每个节点的计算能力得到了更多的发挥,因此多节点的加速比和效率得到显著提高。这说明 CGU 策略更适合运用在大数据集的环境下。

④ 算法的扩展率。

扩展率是指单个计算节点处理较小数据集所需时间与多个计算节点处理更大数据集所需时间之比。该参数可用来判定,面对不断增长的数据,利用节点数提高整体计算的能力如何。本实验以 0.5GB 数据为基准,每增加一倍的数据就增加两个节点,直到增加到 8 个节点为止。实验结果如图 6-9 和图 6-10 所示。

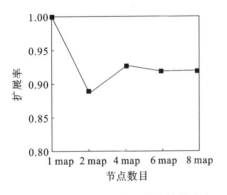

图 6-9　未采用 CGU 策略算法的扩展率　　图 6-10　采用 CGU 策略算法的扩展率

图 6-9 的结果证明当数据规模增大时,算法具有良好的扩展率。图 6-10 的曲线较图 6-9 更加平滑,扩展率更高。这说明粗粒度策略能更好地提高节点的利用率。

⑤ 算法的数据伸缩率。

数据伸缩率是指在相同的节点数目下,增大的数据集与原始数据集所需时间的比值,该参数可用于考察算法处理不同规模数据的能力。实验结果如图 6-11 和图 6-12 所示。可以看出图 6-12 中曲线比图 6-11 的平缓。在图 6-11 中,当数据集规模从 0.5GB 增加到 8GB 时,8 个节点处理的时间需要近 4 倍,而图 6-12 中需要 3.5 倍的时间,这说明 CGU 策略使 PAM 算法更具有良好的数据伸缩率。

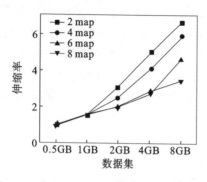
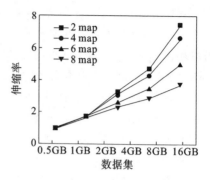

图 6-11　未采用 CGU 策略算法的数据伸缩率　　图 6-12　采用 CGU 策略算法的数据伸缩率
（注：实验中未得 16GB 数据集结果，故未列出）

6.1.7　结语

传统的聚类算法面对大数据集时，表现出聚类效率低下、伸缩性弱、计算时间长等缺点。云计算平台具有处理大规模数据和高计算性能等优点，将其运用到聚类算法中，能够低成本、高效地弥补传统算法的不足。本书在已有的研究成果基础上，根据 PAM 算法的固有缺陷，提出了基于粗粒度策略的并行化 PAM 算法。实验证明，并行化的 PAM 算法不仅有效地提高了聚类效率，而且在粗粒度策略的优化下，算法具有更好的伸缩率和计算能力，这说明本案例中所采用的方法是有效的。

6.2　基于加速收敛蜂群算法的资源感知调度器

6.2.1　引言

随着信息技术的蓬勃发展与移动互联的普及，各行各业每天产生海量的数据。为了能及时处理这些海量信息，具有高可扩展性、高容错性，能及时处理数据密集型计算任务的分布式平台 Hadoop 应运而生。基于分布式平台的 Hadoop 实现了 MapReduce 编程模型和分布式文件系统 HDFS。另外，作为 Apache 旗下的开源项目，Hadoop 拥有庞大的生态系统和众多可用组件，这些都促使其飞速发展。

从 Hadoop 的 1.0 版本开始演化至今,作业调度一直是 Hadoop 平台的关键问题之一,这直接影响 Hadoop 集群整体的性能与资源利用状况,所以针对 Hadoop 的作业调度器进行改进显得尤为重要。目前比较主流的有计算能力调度器、公平调度器,还有基于人工群体智能算法的调度器等。

在人工群体智能算法中,2005 年诞生的人工蜂群算法是模拟自然环境中蜜蜂采蜜方式的群体智能算法。相比其他的群体智能算法,它具有参数设置少、计算量少等优点。为研究人工蜂群算法,并利用 Hadoop 中的资源感知调度器,本书做了如下研究工作:

(1)设计了一种基于人工蜂群的作业调度算法。该作业调度算法利用了人工蜂群算法的自组织性强、参数设置少等优势,同时将原来用于连续区间内选优的人工蜂群改进成适合作业调度的离散域选优,并优化了雇佣蜂和跟随蜂选择蜜源的过程,使该算法拥有较快的收敛速度。

(2)在基于 Hadoop 的实验平台上实现了该算法,并将其与资源感知调度器结合。通过使用合适的基准测试程序,证明基于加速收敛蜂群算法的资源感知调度器能合理分配集群中的资源,特别是在异构集群上,调度资源密集型作业比原有调度器快 10%~20%,并有效弥补了现有调度器参数设置复杂、启动或收敛时间较长等不足。

6.2.2 相关工作

Hadoop 中最基本的作业调度器是 JobQueueTaskScheduler,其采用基于作业优先权的 FIFO 调度机制来实现。但是,随着用户需求增大、作业类型不断增多,JobQueueTaskScheduler 已经没有很好的资源利用率,于是多种多样的 TaskScheduler 涌现出来,例如计算能力调度器和公平调度器,但这两种调度器都需要合理设置资源池的大小,才能保证优良的调度效果。相比而言,自学习作业调度器是一种基于朴素贝叶斯分类的作业调度器,不需要设置大量的参数,但其需要对分类器进行训练,启动时间较长。

相比而言,基于人工群体智能算法的调度器无须过多的训练。例如,基于人工鱼群算法的作业调度器,通过对任务编码,将其记录到每一条人工鱼上,利用其吞食行为和跳跃行为进行信息更新。基于蛙跳策略的调度算法,编码后利用进化算子,将调度方案进行逆转变异来改进。但是,对任务进行编码设计本身就比较复杂,因为没有统一的编码格式,而且任务调度效率会受到编码方式的影响。

资源感知调度器通过检测资源的负载情况,来进行动态的作业调度;通过对作业进行分类,有针对性地调度相应资源分配给对应的作业,更加适合异构的集群。另外,还有针对大规模作业队列中所需资源类型不同的多种任务,利用并行分配的方式来调度。但是,对于资源感知调度器来说,调度问题可以视为多目标决策的问题,一般多利用启发式算法,如人工蚁群算法和人工蜂群算法。

6.2.3　加速收敛的蜂群算法概述

（1）人工蜂群算法及优劣分析。

在人工蜂群算法中,首先假设蜜源的位置是待优化问题的某个可行解,求最优解的过程就是寻找高收益值的蜜源的过程。在初始化阶段,随机生成蜜源,使得蜜源的数量等于可行解的数量。之后,雇佣蜂离开蜂巢,寻找蜜源且记忆,并在此蜜源附近搜索新的蜜源,比较两蜜源优劣程度,记录下新的优质蜜源。随后雇佣蜂返回蜂巢,发出与蜜源质量成正比的信息,招募跟随蜂。跟随蜂以贪心方式选取优质蜜源,并在其附近搜索新蜜源,与优质蜜源进行比较,选出目前最优蜜源,如此反复多次,最终获得最佳蜜源。但是,在采蜜过程中,经若干次搜索后若蜜源不变,则侦查蜂出现,重新随机搜索新的蜜源。

由此看来,人工蜂群算法的健壮性强、使用范围广、自组织性强,同时参数设置较少、计算快捷,且不需要额外对蜂群编码。然而,这种新的智能优化算法仍然存在易陷入局部最优、收敛速度慢的缺陷。对于作业调度算法来说,需要快速达到全局最优解。这就要求对原有的人工蜂群算法进行改进。

（2）加速收敛的人工蜂群调度算法的改进。

为了让人工蜂群算法能在作业调度环境中发挥作用,现作如下几点改进:

改进1:定义资源矩阵 beeMatrix。相比之前在连续域中随机初始化位置,本案例中蜂群的初始化是直接依赖 Hadoop 中各个计算节点内资源信息的。所以我们定义资源矩阵 beeMatrix 的行数等于 Hadoop 中 TaskTracker 节点的数目,列数等于待调度的作业数目。每个节点中保存的是该作业所需求的各种资源信息（CPU、内存、网络等）、该 TaskTracker 节点现有的剩余资源,以及假设这个作业在该节点上运行之后还剩下的资源。利用资源量来表示蜜源,将更加直观,响应速度更快。

改进2:调整雇佣蜂选取蜜源的步骤。针对雇佣蜂使用贪心策略。当且仅当新蜜源的收益值大于原有蜜源时才进行蜜源交换。此举是为了让雇佣蜂更快向优质蜜源靠近,加快蜂群的进化,加速收敛。能进行节点的交换是因为矩阵 beeMatrix 中每一行即为一个调度方案。对比前一蜜源的收益值,若增大则进行交换。由于使用了贪心策略,容易陷入局部最优。

改进3:跟随蜂的混沌搜索方式。为了避免步骤改进后的人工蜂群算法陷入局部最优解,针对跟随蜂进行如下改进。式(10)使用了一种新的方式计算蜜源的合适度,原有计算蜜源的合适度是直接对矩阵 beeMatrix 中一行蜜源的收益值进行求和。

$$P(i) = 0.5 \times \frac{f(i)}{\sum\limits_{i=0}^{n} f(i)} + (2 - e^{\frac{g}{G}\ln 2})/2 \qquad (10)$$

其中,参数 i 表示矩阵 beeMatrix 中的一行;$f(i)$ 表示该行蜜源的收益值;后半部分中的 $(2 - e^{\frac{g}{G}\ln 2})/2$ 是从遗传算法中的分类概率公式中提取出来的修正部分。

根据式(10)计算出来的合适度能更真实反映离散状态下这一行蜜源的质量。并且规定,仅当位于 0~1 的随机数 random$<P(i)$ 时,释放跟随蜂对该行蜜源进行混沌搜索。同时,也修改了混沌搜索的方式,使其在离散的矩阵 beeMatrix中也可以发挥效果。混沌搜索针对矩阵 beeMatrix 中某一行的蜜源上面的某几个蜜源节点来进行交换更新。

选择蜜源节点的具体策略:若 random$>$交叉概率 CR(i),则矩阵beeMatrix 中收益值最大的蜜源节点与其进行交换。

蜜源的交叉概率 CR(i) 由式(11)求得:

$$\text{CR}(i) = \frac{f(i) - \min(f)}{\max(f) - \min(f)} \qquad (11)$$

其中,参数 i 表示矩阵 beeMatrix 之中的一行;$f(i)$ 表示该行蜜源的收益值;f 表示所有收益值组成的数组。

混沌搜索的次数设定为跟随蜂的一半,这样既能避免后期陷入局部最优解,又拥有较高的收敛性。

在原有的人工蜂群算法中,控制侦查蜂触发行为的 limit 值的选取最为复杂,而且对算法性能影响较大,但采取混沌搜索的操作能达到同样的效果。所以,本书的蜂群算法取消了第三种蜂侦察蜂的派遣,取消之后收敛速度更快。

改进之后的加速收敛的人工蜂群调度算法的步骤如下:

步骤1:离散矩阵 beeMatrix 的初始化,获取 TaskTracker 节点的资源信息和作业所需的资源信息。设定雇佣蜂和跟随蜂的数量等于蜜源数量 N,等于正在运行的 TaskTracker 节点数目。设定矩阵 beeMatrix 的列数为 D,等于JobQueue 之中的待调度作业数目,设置混沌搜索的最大迭代次数为蜜源数量的一半即 $N/2$,设置蜂群算法的最大迭代次数为 maxCycle。

步骤2：计算出每行蜜源的收益值,并记录下目前最大和最小的一行蜜源收益值。

步骤3：每个雇佣蜂按照贪心算法搜索矩阵beeMatrix的每一行数据,得到新的蜜源节点。通过对比原来的蜜源节点,更新蜜源节点,然后记录下目前收益值最大和最小的一行蜜源。

步骤4：根据式(10)计算出每行蜜源的合适度,跟随蜂根据合适度,使用混沌搜索方式选取离散矩阵beeMatrix中的某行蜜源。通过交叉概率式(11)选择其中的某些蜜源节点进行更新。记录下收益值最大和最小的一行蜜源。

步骤5：判断是否满足蜂群算法的终止条件,若已经达到最大迭代次数,输出矩阵beeMatrix收益值最大的一行蜜源作为调度方案;否则,回到步骤3。

改进之后的加速收敛的蜂群算法具有计算简单、收敛快、参数少等优势,其流程图如图6-13所示。

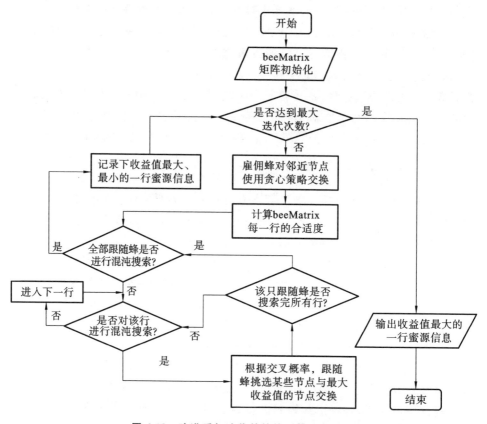

图6-13　改进后加速收敛的蜂群算法流程图

（3）加速收敛蜂群的调度算法的伪代码。

该算法的伪代码及参数设置如下所示。

算法：beeColonyScheduler

输入：矩阵 beeMatrix；

输出：矩阵 beeMatrix 之中收益值最大的一行所对应的调度方案。

1 beem[i][j].Benefit←calculateBenefit(beeMatrix[i][j]);

2 MemorizeBestSource(beeMatrix[i][]);

3 For iter←0 To maxCycle // 进入迭代

4 {

5　For i←0 To N { // 雇佣蜂选取蜜源节点

6　　For j←0 To D

7　　　if (beem[neighbour][j].Benefit>beem[i][j].Benefit)

8　　　　　Swap(beem[neighbour][j],beem[i][j]) // 和邻近的蜜源比较收益值大小

9 MemorizeBestSource(beeMatrix[i][])}; // 记录收益值最大、最小的一行蜜源信息

10 calculateProbabilities(); // 计算每一行蜜源的合适度

11 While $\left(t<\dfrac{N}{2}\right)$ do // 跟随蜂的混沌搜索方式

12 {

13　　if (r<prob[i]) // 对比合适度的大小进入混沌搜索

14　　　{

15　　　　　t++;

16　　　For j←0 To D {

17　　　　　if (r>CR(i)) // 根据交叉概率，交换某些蜜源节点

18　　　　　　Swap(beem[maxsi][j],beem[i][j])};

19　　}

20　　i++; if (i==FoodNumber) i=0;

21 }

22 emorizeBestSource(beeMatrix[i][]); //记录收益值最大、最小的一行蜜源信息

23 }

改进后的加速收敛的蜂群算法的时间复杂度为 O(maxCycle * N * D)，其中 maxCycle 为最大迭代次数，N 为 TaskTracker 节点数，D 为 JobQueue 之中

的待调度作业数。

该算法只需设 1 个参数,即最大迭代次数 maxCycle,其他的控制参数都根据 Hadoop 集群大小及待调度的作业数目来确定。相比较而言,公平调度器或计算能力调度器则需要了解整个 Hadoop 集群的资源状态,然后设置每个资源池的大小、权重、最小共享资源等等。比如设置了 3 个资源池,至少需要配置 15 个相关的参数。

6.2.4 实验与结果分析

(1) 实验功能设计。

为了实现基于加速收敛的蜂群算法的资源感知调度器,本案例设计并实现了三个功能模块,分别是信息采集模块、信息聚集模块和调度模块。这些模块是基于 Hadoop 平台中提供的各种抽象类及监听器 API 来实现的。模块的具体功能介绍如下:

① 信息采集模块。

该模块用于采集各个 TaskTracker 节点上的资源信息,包括机器总体资源和每个 TaskTracker 正在使用的资源信息,节点资源信息包括 CPU、内存、I/O 和网络等。本案例使用该模块直接内嵌到 TaskScheduler 之中的方法 task-Tracker Manager. taskTrackers(),获得当前运行中的 TaskTracker 节点的队列状态集合 TaskTrackerStautsQueue。将每个 TaskTrackerStatusQueue 的内部资源信息数据读取出来。

② 信息聚集模块。

首先,将心跳包 Heartbeat 收集到的 TaskTracker 资源使用信息进行整理,然后重写监听器中的函数 beeColonyJobInProcessListener. getJobQueue(),用于获取作业队列。再从每个作业的 JobInProgress 之中读取该作业所需的资源信息。通过将这两种资源信息进行整合,就构成我们最初的蜜源矩阵 beeMatrix。

③ 调度模块。

该模块利用了加速收敛的人工蜂群算法,继承了抽象类 TaskScheduler 的 beeColonyTaskScheduler 计算出蜜源矩阵 beeMatrix 中收益值最大的一行作为调度方案输出,利用方法 assignTasks() 分发经过调度之后的作业队列,以此来制订最优调度策略。

将以上各模块改写好,编译为 jar 包复制到主节点 HADOOP_HOME/lib 的根目录下,并修改配置文件 mapred-site. xml 中的作业调度器的属性为 beeColonyTaskScheduler,重启集群之后,切换为蜂群调度器。

（2）实验环境及方案。

本实验采用的 Hadoop 版本为 Hadoop 1.2.1，设计了同构以及异构的环境。同构环境是 OpenStack 上运行 3 台一样的虚拟机，全部为 1 个 CPU 核心、20GB 硬盘、1GB 内存。异构集群为 OpenStack 上运行了 4 台配置不同的虚拟机。其中，NameNode 控制节点上为虚拟化的 2 个 CPU 核心、20GB 硬盘、2GB 内存。两个运行节点 DataNode，一个是 1 个 CPU 核心、20GB 硬盘、1GB 内存，另一个是 2 个 CPU 核心、15GB 硬盘、2GB 内存，上面都只运行 TaskTracker 和 DataNode。

在此次 Hadoop 的平台之中，为了测试资源感知调度器对于各种资源需求不同的作业调度能力，利用 Gridmix2 作为基准测试，基准测试选用 streamSort、javaSort、combiner、monsterQuery、webdataScan 和 webdataSort 6 种作业。通过合理配置大、中、小作业，其在运行时对资源的消耗程度不一。这 6 种作业对应了三阶段 map/reduce 作业、大规模数据排序作业、过滤作业、API 文本排序这几种类型。通过选取不同类型、大小的作业，可以获得如表 6-3 所示的作业组合方式。

表 6-3　　　　　　　　　　　　实验环境配置及作业组合

实验环境配置		Gridmix2 的作业组合	作业总量
同构环境	运行在 OpenStack 上的 3 台虚拟机：3 台均为 1 个 CPU 核心、20GB 硬盘、1GB 内存	6 种类型的小作业各 2 份，外加 webdataSort 的 1 份中作业	13
		6 种类型小作业外加 combiner 大作业、webdataSort 大作业	8
		6 种类型的小、中作业各 1 份，外加 monsterQuery 和 webdataSort 的 2 份大作业	14
异构环境	运行在 OpenStack 上的 4 台虚拟机：主节点 2 个 CPU 核心、20GB 硬盘、2GB 内存；2 个从节点，一个从节点为 1 个 CPU 核心、20GB 硬盘、1GB 内存；另一个从节点为 2 个 CPU 核心、15GB 硬盘、2GB 内存	6 个类型的小作业各 1 份	6
		6 种类型的小作业各 2 份，外加 webdataSort 的 1 份中作业	13
		6 种类型小作业外加 combiner 大作业、javaSort 大作业	8
		6 种类型的小、中作业各 1 份、外加 monsterQuery 和 webdataScan 的 2 份大作业	14

在此次实验中，我们对比了 FIFO 调度器和 beeColony 调度器在同构和异构环境中的处理能力。以调度和执行时间之和作为评判标准，以 Gridmix2 目录

下创建_start. out 文件和_end. out 文件中的开始和结束时间为准,单位为 s。在参数 maxCycle 的选取上,我们利用异构环境中的作业组合一为基准,调整不同的 maxCycle 来对比整体的运行时间。获得的统计图如图 6-14 所示。

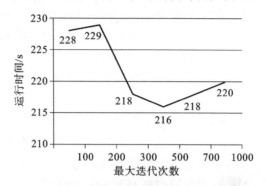

图 6-14 最大迭代次数对运行时间的影响

从图 6-14 中可以看出,maxCycle 最初设置得比较小的时候难以找出调度的最优解,使得整体运行时间变长。虽然后期 maxCycle 的不断增大会使蜂群算法的时间复杂度有所提高,但从整体的运行时间上来看,并不会有太明显的差别。故此次实验中,maxCycle 参数设置为 600。

(3) 实验结果及分析。

在同构的 Hadoop 集群环境下,从图 6-15 的数据对比中可以直观看出,虽然 beeColony 作业调度器在同构环境下与原生的 FIFO 作业调度器相比在运行时间上没有明显提升,甚至还要差一点,但是这个时长在可接受的范围内。

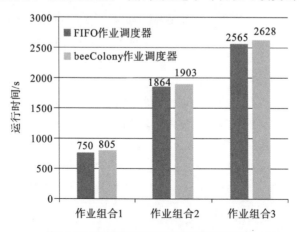

图 6-15 同构环境下两调度器运行时间

出现这种现象是因为在性能资源无差别的情况下,资源感知调度器无法发挥其启发算法的感知调度功能,所以和普通的调度器相比没有很大的性能提升,而且在运行蜂群算法的时候还需要消耗一定的计算资源,所以反而降低了调度速度。

在异构的 Hadoop 集群环境下的实验结果如图 6-16 所示。从该图可以看出,在一开始作业数目比较少、作业所需资源较少的时候,beeColony 作业调度器与原生的 FIFO 作业调度器运行时间相差无几。但是,随着作业数目和单位作业资源需求的增大,beeColony 作业调度器运行时间比原生的 FIFO 作业调度器有很明显的提升。这说明在异构环境中,beeColony 作业调度器能通过资源感知,对 Hadoop 内部的性能资源进行较好的调度,使得资源密集型的作业能获得充分的资源,缩短了执行时间。随着作业数量及所需资源的增加,beeColony 作业调度器的调度时间和运行时间明显领先原生的 FIFO 作业调度器 $10\% \sim 20\%$,一般要快 4 min 左右。

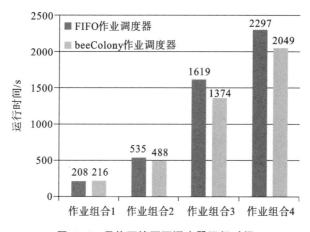

图 6-16　异构环境下两调度器运行时间

综上所述,基于加速收敛蜂群算法的 Hadoop 资源感知作业调度器在各种集群中均能保持不错的调度性能,无须预先进行任何设置,且启动速度快,可扩展及适应性更好。特别是在异构环境下的 Hadoop 平台,资源感知可以发挥出信息聚集分析的优势,有效防止 Hadoop 集群之中的某些节点发生作业过载,确保作业执行中不同资源的需求得到合理的分配,从而缩短运行时间。

6.2.5　结语

针对已有的 Hadoop 作业调度器参数设置复杂、启动或收敛时间长的不足,本案例提出了 Hadoop 平台下的基于加速收敛蜂群算法的资源感知作业调度器。其创新点在于设计了一种基于人工蜂群思想的作业调度算法,并将其与资源感知调度器结合。相比于其他的作业调度器,它具有参数设置少、无须额外编码、启动时间短、收敛速度快等优点。同时在 OpenStack 上面搭建的同构或异构环境的 Hadoop 平台,使用 Gridmix2 进行测试。从基准测试的结果可以发现:该作业调度器参数设置少、启动快,可有效减轻管理员的负担,提高工作效率,适合于异构的 Hadoop 平台。但是,书中所使用的 Gridmix2 基准测试不能模拟作业的随机提交(比如按泊松分布进行提交),因此研究该调度器在作业随机提交下的运行方式是下一步的工作。

6.3 RAYS:数字传播媒体融合云服务

6.3.1 引言

在 2015 年 9 月,国务院印发《促进大数据发展行动纲要》,提出要推动大数据与云计算、物联网、移动互联网等新一代信息技术融合发展,探索大数据与传统产业协同发展的新业态、新模式,促进传统产业转型升级和新兴产业发展,培育新的经济增长点。在数字内容大数据时代,数据的冗余问题不断加大,数字内容的精准投送需求也越来越高。因此,建立一个针对数字内容的云数据中心,并搭建一个共享资源云服务平台,是解决数字内容大数据问题的必要环节。

数据中心是一种用于安放服务器系统及其相关的存储与通信系统的设施。现代化的数据中心的规模极大,它不但包含数以万计的服务器,通常还包含冗余的供电及数据通信的设备、环境控制设备及安全设备。与面向科学计算和高性能计算的集群不同,提供云计算服务的数据中心的主要服务对象是企业与商业用户,因此云数据中心的目标是为上述对象提供便宜的计算服务。为达成这个目标,云计算领域涌现出许多创新技术,包括节能调度、资源调度等优化技术,以实现数据中心资源的动态分配、灵活调度、有效容错。

本项目旨在研究数据中心的构建以及共享资源云服务技术,为传统新闻出版企业打造面向移动互联网的大数据应用平台 RAYS,主要解决以下问题:

(1)研究数字内容云数据中心架构及节能调度的关键技术,提出云数据中心虚拟化技术及架构、云数据中心节能调度及资源优化的解决方案。

（2）研究数字内容数据中心云计算系统的资源调度问题，开发和设计更为合理、更有针对性的资源调度方案来管理云环境中的资源，保证系统的性能。

（3）构建云数据中心软件老化预测与智能重生模型，为系统可靠性和可用性建模分析提供理论依据和方法支持，为系统优化提供决策支持。

RAYS 采用全国唯一的平台技术，构建了集加工中心、数据中心、用户中心于一体的高效支撑平台，利用大数据和云服务系统，科学管理和监控数字出版的每一个环节，为内容生产者打造一整套发布系统，用于管理数字资源。利用 RAYS 平台可以轻松构建报纸、期刊等融媒体云服务系统以及图书数字出版云服务系统，实现从选题、内容采集、版权管理、内容加工处理、数字内容管理、多渠道发布、版权保护、内容监管等全流程的数字化管理，解决传统新闻出版机构数字化转型的生产、管理、运营、发布等问题。

6.3.2 相关技术及主要研究内容

（1）虚拟化技术及架构研究。

对云数据中心虚拟化技术及架构研究有两个方向：

① 1∶N 的虚拟化技术。虚拟化技术有两种形式：一种是将若干个分散的物理服务器虚拟成一个整体逻辑服务器，我们把这种将 N 个物理机资源虚拟成 1 个虚拟池的形式称为虚拟化的 N∶1 形式，这种方式可以将分散的物理机资源集中起来进行统一管理；另一种是在一台物理机中划分多个虚拟机，各个虚拟机可以运行独立的服务程序，称为虚拟化的 1∶N 形式。本项目拟研究 1∶N 虚拟化（1 个物理机资源虚拟出 N 个虚拟机实例），这种形式可以弱化应用软件的平台相关性。在虚拟化架构的数据中心中，整个资源管理和分配工作由虚拟资源池完成，资源的分配方式更灵活，负载运行环境与物理平台无关，相对于传统数据中心而言具有更高的资源利用率。

② 云数据中心节能控制架构。从虚拟化资源池、能耗反馈和智能节能资源管理三个部分设计了数据中心的节能架构。在虚拟化资源池部分，运用 N∶1 虚拟化技术将服务器上的物理机的各种硬件资源虚拟化为各种逻辑上的近似同构的资源池，以便进行资源的统一管理。在能耗反馈部分，物理机服务器内的资源情况随着虚拟机到服务器的部署而实时变化。同时，服务器上的资源利用率和服务器的能耗有着直接关系，当服务器的 CPU 资源利用率为 70% 以及硬盘资源利用率为 50% 的时候，服务器能耗和性能达到相对平衡的阶段。节能资源管理部分包括监控、决策和执行三个模块，监控模块负责采集资源池的信息并将

这些信息传递给决策模块,决策模块利用强化学习算法对数据中心环境进行实时学习,最后决策模块决策出来的映射方案则由执行模块去执行。本项目拟运用 VM 部署的优化设计来影响数据中心物理机节点中的资源利用率,从而影响其能耗,提高数据中心整体的平均能效。

(2) 节能调度及资源优化。

① 离线和在线的节能调度。根据数据中心负载情况,研究离线节能调度和在线节能调度:a. 数据中心事先已经获取了要运行的所有虚拟机数量以及对资源的需求情况,这时运用离线节能调度来获得全局最优的节能方案以实现能效最大化;b. 数据中心无法获得将要运行的负载的需求状况,并且负载的需求是实时变化的,此时采用离线节能调度已经失效,需要采用在线节能调度为负载快速有效部署合理的虚拟机到物理机上来获取一个接近全局最优的节能方案。在虚拟机数目固定且需求资源已知的情况下,系统可以采用离线节能调度获取全局最优的方案,但是当虚拟机数目和需求资源未知时,系统需要采用在线节能调度预测等方法来部署虚拟机,以获得接近最优的节能部署方案。

② 资源优化。如何在已有的数据中心集群上有效地进行资源调度,提高任务执行效率的同时也能最大化地利用资源,已经成为一个重要问题。Spark 海量数据处理平台是大数据处理领域的最新技术进展,该平台提出新的数据表达模型 RDD,引入内存计算引擎与数据复用技术,通过基于内存的 RDD 数据存储与处理,提升海量数据处理应用的执行效率。Spark 作为流行的分布式数据处理框架,其资源的调度方式和利用率直接关系集群计算处理的效率和速度。研究基于 Spark 的数据中心资源优化算法,通过实时监控 Spark 集群工作节点的资源利用率及负载情况,增加了对节点 CPU 处理速度和 CPU 剩余利用率的考虑,重新分配资源。为 Spark 集群的高并发请求、低延迟响应提供优化,还减少了传统方式没有考虑的由资源因素导致的资源利用倾斜现象,提高了资源的利用率。

(3) 云资源调度。

本项目用博弈理论对云资源调度问题进行建模,其主要研究内容如下:

① 基于用户角度的资源调度博弈模型。在云计算分布式环境下,资源调度中心需要决策如何分配资源来获取最大利益,而 QoS 正是用来进行约束的指标。这些制约因素可以帮助在多参与者系统中设计出更为合理和有效的分配机制。本项目分别以时间和成本考量为例,研究云用户资源调度博弈模型的建立。

② 基于云服务提供商角度的资源调度博弈模型。在基于云提供商角度考虑的资源博弈中,博弈的参与者是每台可用物理机,可选策略是云中所有子任务对应的待创建虚拟单元类型在本机上可被创建的组合方案。将设计博弈模型中

的收益函数,通过对应的优化算法,可为每台物理机求解出合适的可用资源调度策略,而收益函数的设计目标可以是衡量云数据中心的资源利用率,可以是衡量资源分配的公正性,也可以是权衡多类型优化目标。

本项目研究内容的关键技术:① 资源调度博弈的生成,需要有合理的优化模型和方法来得到更为合适的资源分配方案;② 在给定的资源约束和时间约束前提下,将成本最小化作为优化的目标函数;③ 设计不同云环境下的收益函数。

本项目针对云数据中心资源调度,采用多维 QoS 的思想,以用户为中心,结合改进的遗传算法处理云资源调度问题。多维 QoS 的优势在于从多个维度分析并研究问题,更能满足用户的需求,算法针对维度引入了刚性偏好和弹性偏好,更细化了各个指标的差异性,可以更好地提高算法的性能。在遗传操作方面,为防止交叉和变异过程中选取的概率值过大或者过小,引入了一种自适应方式,可以有效地控制交叉概率和变异概率的合理性,防止优良个体的结构被破坏或影响个体的产生速度,提高算法的有效性。

(4) 软件老化预测与智能重生模型。

云数据中心包含操作系统、数据库软件、中间件和各类管理应用软件,涉及多种可能与老化相关的系统变量和环境因素,且变量之间可能具有复杂相关性。变量的多样性和变量之间的相关性,加上软件老化现象固有的随机性和难以重现性,使得云数据中心软件老化预测建模分析比较复杂。此外,由于软件老化会导致系统崩溃和重要数据丢失,危害系统可靠性和可用性,给企业乃至社会造成重大损失,因此,本项目开展了老化测试、老化预测与老化重生三个方面的研究工作,具体技术路线如图 6-17 所示。

本项目的主要研究内容:

① 老化测试方案研究。针对云数据中心软件老化现象的存在性、老化相关变量的多样性与相关性,以及测试环境因素对老化现象的影响性这三个研究问题,首先采用实验设计的方法设计压力测试用例,合理平衡测试的彻底性和测试的时间成本;然后应用时序分析的方法(如 Mann-Kendall 假设检验、多元线性回归、Sen 斜率估计过程等)验证老化现象的存在性并计算老化特征值。

② 老化预测模型研究。在老化预测模型方面,通过在老化验证压力测试阶段中的老化变量筛选及相关性分析确定老化特征变量,通过压力测试,收集相应的数据,然后使用加权回归、决策树等算法对相应的数据进行处理,结合使用马尔可夫模型或者随机 Petri 网,制定系统变换的各种状态,如健康状态、亚老化状态和老化状态,构建老化预测模型。这种基于测量与基于模型的协同研究方法可以有效地针对智能终端基础软件老化进行研究。

③ 主动式智能重生模型研究。基于上述的老化预测模型,可以进一步制定

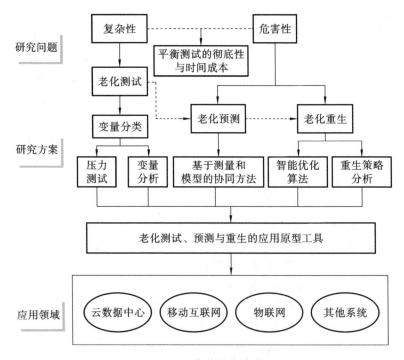

图 6-17　具体技术路线

重生策略,以提高系统的可靠性和可用性。不同于目前业界在实际工程中广泛采用的定期被动式重生策略(如在负荷低峰期自动重启机器),主动式智能重生模型需综合考虑多变量之间的相关性、不同重生方法(如温重生和冷重生)在不同系统状态下的实际效果、应用的优先级别等多种因素,采用(隐)马尔可夫等模型对系统老化和重生行为进行建模,并综合运用遗传算法和粒子群等智能优化算法针对不同应用场景确定其最优的重生策略,在保障关键应用顺利执行的同时,最大限度地提高系统的可靠性和可用性,改善用户体验,并增强智能终端设备的安全保障(如在任务关键系统中,系统老化的可靠性问题可能导致严重的安全问题)。

6.3.3　模型构建

本项目研究内存泄漏引起的软件老化现象,针对软件老化现象中软件性能下降较慢、不容易通过实验得到系统失效现象的特征,应用加速寿命测试方法获取老化软件的平均失效时间。本项目使用在线售书网站及其模拟客户端,设计和执行了加速寿命测试实验。从加速寿命测试实验中,得到了每个加速水平下失效时间(TTF)的样本数据,以及加速测试和非加速测试时系统的内存消耗速率,也就是压力值。然后应用加速寿命测试理论,将上述加速测试实验的数据样本应用到 IPL-Weibull 模型中,利用参数估计的方法得到了能够评估寿命与压力之间关系的参数,并据此求出了被测试系统的平均失效时间及其置信区间。应用加速寿命测试方法,在较短的时间内得到了被测试平台的失效时间样本,并从失效时间样本中估计出被测平台非加速情况下的平均寿命。加速寿命测试方法大大降低了软件老化测试的时间。然后开发了一个实验平台的仿真程序,利用离散事件仿真技术仿真实验平台的行为。将仿真程序的加速寿命测试仿真和实验平台的加速测试数据进行对比,证明了仿真程序的有效性之后,使用该仿真程序仿真非加速情况下的实验平台,并在一个合理的时间内得到了系统平均失效时间及其置信区间。结果表明,仿真平台得到的系统平均失效时间与理论模型得到的结果相近,从而证明了本项目中应用加速寿命测试的正确性。

(1) 云服务平台搭建。

本项目通过对数据中心云服务平台的关键技术——云数据中心架构及节能调度、云计算的资源调度、云数据中心软件老化及其重生技术的研究,设置了云计算的底层基础设施,为云服务平台的应用提供技术和硬件支撑。云服务平台应用程序的文件基于 rsync 的自主开发的同步部署程序进行更新和部署。使用 MogileFS 分布式文件系统存放和管理用户上传的文档型资源。

在服务器端,本项目采用了武汉理工数字传播工程有限公司的一个多层电子商务网站系统,这个系统符合 TPC-W 基准测试规范,模拟了一个在线的售书网站。客户端是一系列模拟浏览器,它们依照 TPC-W 基准测试规范,按一定的转移规律访问服务器端的各个页面。本项目中使用的在线售书网站以 Apache Tomcat 作为应用服务器,后端数据库使用了 MySQL 数据库,实验平台的服务器端使用了 Tomcat。

(2) 模拟老化现象。

为了模拟老化现象对资源的消耗,本项目修改了服务器端 TPC-W 购书网站中的 Search Request Page,为其引入内存泄漏。为了模拟内存泄漏现象,本项目增加了一个 BigObjList 类,并且在 Tomcat 的整个生命周期保持对该类对象的引用,该类则维护一个 Node 对象的链表,因此整个链表中的 Node 对象都不能被垃圾回收器回收。为了模拟内存泄漏被随机注入的过程,本项目为 Search Request Page 的 doGet 方法添加了代码片段,用来注入内存泄漏。注入内存泄漏的速度取决于两个因素:一是这个页面被访问的频率;二是控制期间产生的随机数上限 N。TPC-W 基准测试规范规定了模拟浏览器访问服务器上各个页面的规则,通过页面之间的一个转移概率矩阵,既随机地决定了下次访问的页面类型,又控制了每个页面的稳态访问概率。页面之间转移概率取决于选择的工作负载类型。本项目使用的是 Shopping 类型的负载,各个页面的访问概率也就取决于 Shopping 类型页面转移概率矩阵上每个页面的稳态概率。在所有的加速和非加速实验中,本项目都使用了 100 个模拟浏览器同时工作,因此,所有的实验中每个页面的访问频率在整个实验的时间尺度上是相同的,即 N 值是决定注入内存泄漏速率的最主要因素。通过这样的实验设置,本项目可以通过控制 N 值的配置来实现不同加速水平的加速寿命测试。

（3）加速寿命测试。

基于理论基础,本项目选取了内存消耗速率作为加速寿命测试中的加速压力。按照加速测试计划部署和执行加速寿命测试,本项目采用传统的加速测试方式,选取了四个加速水平,分别记为 S1、S2、S3、S4,这四个加速水平分别对应的 N 值等于 4、8、12、16。在每个加速水平上,本项目运行 7 次重复测试,从而总共有 28 个加速测试样本。经过计算得到加速寿命测试计划所需的最低样本个数为 25 个,因此,本项目的测试计划满足加速寿命测试的最低要求。

在进行加速实验时,本项目使用了两种方法,分别采集了实验当中 JVM 内存随着时间的变化数据。因此,可能有两种不同的方法确定加速实验时系统的 TTF:一种是使用 perl 脚本调用 jmap 程序得到的内存变化数据;另一种是使用 Runtime API 采集的内存变化数据。本项目主要使用第一个确定加速实验 TTF 样本值的算法,如图 6-18 所示。

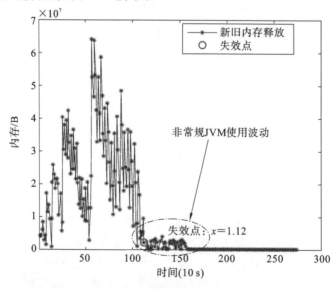

图 6-18　使用 jmap 得到的数据确定 TTF 样本值

从图 6-18 中可以看到,在系统失效点前很长一段时间,JVM 内存值一直不稳定地上下波动,这种现象是由复杂的 JVM 分代内存管理机制和 GC 机制造成的。TTF 的值可以由三个阶段组成:第一阶段是从实验开始,到第一次发生内存注入的时间;第二阶段是从第一次内存注入开始,到最后一次成功的内存注入的时间;第三阶段是从最后一次成功的内存注入的时间,到接下来的内存注入失败的时间。本项目使用了简单的统计分析,估计了 TTF 的第一阶段和第三阶段两个阶段的时间。使用所有的内存注入点时间数据,以及响应随机数 randomNumber 的值,可以得到每两次访问 Search Request Page 的时间间隔样本 Tinterval,Tinterval 的样本均值为 4.7489s,90% 置信区间为 [4.5460, 4.9518]s。设 m 和 n 分别表示 TTF 第一阶段和第三阶段中客户端访问 Search Request Page 的次数,Tsecond 表示 TTF 第二阶段的值,则总的 TTF 就可以用 $(m+n)\cdot$ Tinterval$+$Tsecond 来表示。

从本项目的讨论中可以看到,系统的 TTF 主要受到内存消耗速率影响,而内存消耗速率主要受到内存泄漏的影响,内存泄漏的注入是由两个因素决定的:一是客户端访问 Search Request Page 的频率,二是控制内存注入的随机数上限 N。由于本项目中所有的实验都使用了固定的 100 个模拟浏览器作为客户端,而模拟浏览器访问 Search Request Page 的频率取决于 TPC-W 基准测试规范中规定的页面转移概率矩阵,这个页面转移概率矩阵决定了每个页面被客户端访问到的稳态概率。另外,由于控制内存注入的随机数服从均匀分布,其上限为 N,因此对于相同加速水平的加速实验,TTF 样本值都很接近,方差较小。

(4) 非加速寿命测试。

为了从加速实验中的寿命数据得到非加速情况下被测系统的寿命分布,还需要知道非加速情况下的压力水平,也就是非加速情况下的内存消耗速率。为此,本项目还使用与加速测试中相同的实验环境,移除了注入内存泄漏的逻辑,进行了一次长达 398790s 约 4.6d 的非加速实验。由于非加速情况下被测系统的寿命相当长,因此非加速实验只得到了内存变化数据,而没有得到 TTF 样本值。

(5) 仿真程序。

本项目针对加速寿命测试实验平台的仿真,建立了离散时间仿真模型。仿真模型共有 100 个客户端。考虑实验中使用到的服务器系统只有一个处理器,对于每一个请求都有一个单独的线程来处理,因此本项目将仿真模型中的请求排队队列设置为先进先出类型,队列长度设置为服务器的请求缓冲区长度和最大线程数目的和。

本项目设计的仿真程序详细地仿真了每一个客户端的请求发起和处理过程,同时还可以仿真实验平台中的注入内存泄漏、加速寿命测试以及软件再生等行为。这个仿真模型满足下面的几个要求：

　　① 能够仿真每一个模拟浏览器发起请求和请求被处理的过程；

　　② 能够使得模拟浏览器按照 TPC-W 基准测试规范中的规定,仿真在服务器端的 14 个页面之间进行导航；

　　③ 能够仿真不同加速压力水平以及非加速情况下的内存泄漏注入行为；

　　④ 能够仿真服务器正常处理请求时内存的消耗,并且能够仿真 JVM 的 Full GC；

　　⑤ 能够在仿真模型中加入软件再生行为。

　　首先,为了使仿真程序中的服务器端能够仿真对请求的处理,本项目在实验平台上进行了三组测试。这些测试中客户端只运行一个模拟浏览器,因而同一时刻系统中最多只存在一个 HTTP 请求,在这种没有请求排队的情况下,采集了服务器对每个页面的 HTML 文件和图像文件的响应时间数据。每个响应时间数据都是从客户端发起 HTTP 请求开始,到客户端收到服务器响应的最后一个字节为止。在这三组测试中,本项目在每个页面上得到了 2～13 个响应时间样本数据。样本数据个数的差别是所有这些页面的稳态访问概率不同造成的,例如依照 TPC-W 基准测试规范,Search Request Page 页面的访问概率高于其他页面。由于页面访问概率太低,这三组测试中没有获得 Admin Confirm Page 的访问数据,在仿真程序中使用性质类似的 Admin Request Page 的数据来代替。仿真程序使用这些无排队情况下的响应时间数据生成每个单独 HTTP 请求的处理时间,在本项目的仿真中,每个单独 HTTP 请求的服务时间分布是一个确定性的分布,其值就是上述测试中得到的样本均值。

　　接下来,仿真程序需要能够在仿真实验平台上注入内存泄漏,因此首先需要对实验平台中 JVM 的堆内存进行描述。本项目使用了 4 个参数来描述服务器中 JVM 堆内存的状态,分别是内存容量、系统保留内存量、当前内存占用量以及当前可被垃圾回收器回收的内存量。本项目的仿真程序中,前两个参数是固定值,后两个参数则随着仿真的进行不断发生变化。经过对实验平台的测量,确定了内存容量为 127729664B,也就是服务器的 Young 区和 Old 区内存容量的总和。由于 Permanent 区的内存容量和内存占用量在实验中始终保持恒定的值,对仿真模型的注入内存过程没有影响,因此也就没有计算在内存总量中。系统保留内存量是指那些 Tomcat 的关键组件使用的,用于维持服务器正常运行,既不能被注入内存泄漏,也不够被当作垃圾回收的对象占用的内存。为了确定系统保留的内存量,本项目分析了 93 次不同水平的加速寿命测试实验中的内存注入次数样本,得到服务器失效之前的平均内存注入次数为 101 次,因此,本项目使用的内存容量减去 101 次内存注入消耗的内存量作为系统保留内存量,其值为 21823488B。

在服务器运行过程中,内存占用量始终可以分为两个部分:一部分是可以被垃圾回收机制(GC)所占用的内存,另一部分是不能被 GC 所占用的内存。为了处理客户端发来的请求,Tomcat 会不断地申请新的对象,许多生命周期较短的对象在完成任务后就不再被其他对象引用,从而成为可以被 GC 回收的内存,会在回收发生时被清除掉并释放所占用的空间。Full GC 大约以一个小时为周期对整个 JVM 的内存进行清理,而 Young GC 则没观察出明显的规律。由于在仿真程序中 Young 和 Old 两个区域的堆内存被合并在一起处理,本项目在仿真中忽略了 Young GC 的作用。为了得到没有 GC 影响时 JVM 的内存消耗速率 v,本项目考察了两次 Full GC 之间的内存变化规律。在仿真程序中,每隔时间 Δt,正常处理请求所消耗的内存量就是 $\Delta t \cdot v$。这些消耗的内存是可以被 GC 回收的,因此也会被加入可被垃圾回收的内存变量中。通过上述分析,仿真程序就可以仿真服务器工作过程中的正常内存消耗速率以及 Full GC 过程。

由于仿真程序可以仿真对每一个页面的访问,因此实验平台上的内存注入也很容易实现。和实验平台一样,当服务器处理关于 Search Request Page 的请求时,会根据一个 $0 \sim N$ 之间的随机数随机地决定是否注入内存。这里 N 可以作为一个命令行参数,在仿真启动时传递给仿真程序。显然,这里注入的泄漏内存是不能被 GC 回收的,当不可回收的内存量超过了服务器的可用内存量时,仿真程序就认为服务器失效了,会根据仿真的目的重启服务器或者记录失效时间并结束仿真。

本项目开发的仿真程序中,可以很容易地加入软件的主动再生行为。不同的再生时间间隔影响着软件系统的可用性,过长的再生时间间隔可能不能及时避免软件的失效宕机,过短的再生时间间隔则会由于频繁再生而降低软件的有效运行时间。本项目将再生行为加入仿真程序中后,使用了 9 个不同的再生时间间隔进行了非加速情况下的测试,这 9 个再生时间间隔分别为 4038540s、5982960s、7306314s、7553784s、7801254s、8400000s、8808840s、9600000s 和 10800000s。其中,5982960s 是使用一个半马尔可夫模型,利用固定点重复法计算得到的最优再生时间间隔。定义系统的可用性为系统正常工作的时间除以仿真总时间,则从仿真得到的数据记录中可以计算得到系统的可用性,由结果可知,最优再生时间间隔为 5982960s 时,系统的可用性明显高于其他再生时间间隔下的结果。

6.3.4　结语

数字内容资源云数据中心实现了线上数字内容资源全面共享,为全省乃至全国读者提供阅读云服务,进一步扩大了湖北省的数字出版影响力。开展数字内容共享资源云服务平台项目建设,将有利于研发面向移动互联网的数字出版解决方案,提高湖北省新闻出版行业大数据技术应用水平,提升广大新闻出版企业的数字内容生产、管理和运营能力,为湖北省新闻出版行业转型升级和新业态培育提供技术支撑,服务于湖北省文化与经济建设。

本项目在数字内容共享资源云数据中心的基本框架基础上,重点研究云数据中心架构及节能调度、云计算的资源调度、云数据中心软件老化及其重生等核心技术,面向大规模数字内容数据中心优化其共享交换云服务平台的运行性能和效率,并提高数据中心软件的可靠性。通过应用大数据和移动互联网技术开发了 RAYS 系统,解决传统出版企业在数字内容生产、数字内容管理、数字内容发布和运营过程中遇到的共性问题,创新数字出版商业模式,推动新闻出版行业数字新媒体建设和产业的转型升级。

6.4 本章小结

"云计算"的概念在 2006 年 8 月的搜索引擎会议上首次提出,已推动了互联网的第三次革命。云计算指的是通过网络"云"将巨大的数据计算处理程序分解成无数个小程序,然后,通过多部服务器组成的系统处理和分析这些小程序,得到结果后返回给用户。早期的云计算就是简单的分布式计算,解决任务分发,并进行计算结果的合并。因而,云计算又称为网格计算。通过这项技术,可以在很短的时间内完成对数以万计的数据的处理,从而达到提供更强大的网络服务的目的。而现阶段所说的云服务已经不单单是一种分布式计算,而是分布式计算、效用计算、负载均衡、并行计算、网络存储、热备份冗杂和虚拟化等计算机技术混合演进并跃升的结果。近几年来,云计算已成为信息技术产业发展的战略重点,全球的信息技术企业都在纷纷向云计算转型。

本章对于云计算的具体应用场景和研究进展进行了详细的介绍,主要包括如下 3 个主题:

(1) 面向大数据集的粗粒度并行聚类算法研究。该算法基于 Hadoop 平台设计与实现了并行化的 Partitioning Around Medoid 聚类算法,并从优化聚类单元和聚类中心的角度,结合视觉聚类的核心思想提出了粗粒度聚类单元策略。结果表明,不同于传统聚类算法面对大数据集时表现出的聚类效率低下、伸缩性弱、计算时间长等缺点,云计算平台具有处理大规模数据和高计算性能等优点,将其运用到聚类算法中,能够低成本而高效地弥补传统算法的不足。并行化的算法不仅提高了聚类效率,而且在粗粒度策略的优化下,算法具有更好的伸缩率和计算能力,为以后的大数据集下的聚类分析奠定了基础。

(2) 基于加速收敛蜂群算法的资源感知调度器。本研究弥补了 Hadoop 分布式云计算平台在作业调度方面的不足。现有的多种作业调度器存在参数设置复杂、启动时间长等缺陷,借助人工蜂群算法的自组织性强、收敛速度快的优势,本研究提出了 Hadoop 平台下的基于加速收敛蜂群算法的资源感知作业调度器。其创新点在于设计了一种基于人工蜂群思想的作业调度算法,并将其与资源感知调度器结合。相比原有的作业调度器,该调度算法具有参数设置少、无须额外编码、启动时间短、收敛速度快等优点,可有效减轻管理员的负担,提高工作效率,适合于异构的 Hadoop 平台。

(3) RAYS:数字传播媒体融合云服务。RAYS 系统可以解决媒体融合问题,完成对云数据中心的关键技术——云数据中心架构及节能调度、云计算的资源调度、云数据中心软件老化及其重生等技术的研发和应用。通过应用大数据和移动互联网技术开发可以解决传统出版企业在数字内容生产、数字内容管理、数字内容发布和运营过程中遇到的共性问题,创新数字出版商业模式,推动新闻出版行业数字新媒体建设和产业的转型升级。

综合上述研究,我们可以看出云计算服务的出现是计算机领域的一次重大变革,它能够整合更多的计算资源,特别是在数字传播领域,云计算能够带来信息传播新范式的变革,更好地适应如今的数字化时代,为我们提供具有高灵活性、可扩展性和高性价比的服务,推动各领域的发展。

参 考 文 献

[1] 王鹏. 走进云计算[M]. 北京：人民邮电出版社，2009.

[2] 《虚拟化与云计算》小组. 虚拟化与云计算[M]. 北京：电子工业出版社，2009.

[3] 田文洪，赵勇. 云计算:资源调度管理[M]. 北京：国防工业出版社，2011.

[4] 江涛，袁景凌，陈旻骋，等. 基于加速收敛蜂群算法的资源感知调度器[J]. 计算机工程与科学，2016，38(8):1595-1601.

[5] 向尧，袁景凌，钟珞，等. 一种面向大数据集的粗粒度并行聚类算法研究[J]. 小型微型计算机系统，2014，35(10):2370-2374.

[6] HU L, YUAN X, HU P, et al. Efficiently predicting large-scale protein-protein interactions using MapReduce[J]. Computational biology & chemistry，2017 (69):202-206.

[7] 白立华，刘永坚，施其明. 基于 RAYS 系统的"现代纸书"出版运营模式探析 [J]. 中国传媒科技，2017(11):12-15.

[8] 刘永坚，白立华，施其明，等. 新技术引领的出版融合模式创新——以 RAYS 系统为例[J]. 中国传媒科技，2020，324(3):38-39.

[9] 魏巍. 关于以云计算推动数字出版产业发展的几点思考[J]. 经济研究导刊，2012(6):186-187,199.

[10] 胡兵. 数字媒体传播技术概论[M]. 北京：清华大学出版社，2015.

[11] JACOBSON D II. A view on cloud computing[J]. International journal of computers & technology，2010，4(2):50-58.

[12] ARMBRUST M, FOX A, GRIFFITH R, et al. A view of cloud computing[J]. Communications of the ACM，2010，53(4):50-58.

[13] VARGHESE B, BUYYA R. Next generation cloud computing: new trends and research directions[J]. Future generation computer systems，2017，79: 849-861.

[14] ARUNARANI A, MANJULA D, SUGUMARAN V. Task scheduling techniques in cloud computing: a literature survey[J]. Future generation computer systems，2019(91):407-415.

[15] JABEUR N, NAIT-SIDI-MOH A, ZEADALLY S. Crowd social media computing: applying crowd computing techniques to social media[J]. Applied soft computing，2017(66):495-505.

[16] KONG M, ZHANG Y, XU D, et al. FCTP-WSRC: protein-protein interactions prediction via weighted sparse representation based classification[J]. Frontiers in genetics，2020(11):18.